HEYNE
BÜCHER

D1926097

Das Buch

Er ist noch nicht einmal ganz 16, als sein großer Traum vom Fußballstar beendet ist. Was wie eine harmlose Sportverletzung aussieht, stellt sich bald als bösartige Krankheit heraus: Er hat Knochenkrebs. Der Kampf ums Überleben beginnt. Mit beeindruckender Klarheit und Genauigkeit schildert Burkhardt Wunderlich die Geschichte seines Protagonisten: vom ersten Verdacht, von den falschen Beschwichtigungen der Ärzte und der entmutigenden Diagnose. Es folgen längere Krankenhausaufenthalte, Perioden der Chemotherapie, die von Schmerzen, von vagen Hoffnungen, vor allem aber von Wut gezeichnet sind. Dann die niederschmetternde Diagnose, dass der Krebs gestreut hat, es sind Metastasen in der Lunge. Der 16-Jährige zieht sich immer mehr in sich zurück, lässt niemanden mehr an sich heran. Fast ein Jahr dauert es, bis der Krebs besiegt werden kann. Viele Wunden bleiben. Burkhardt Wunderlich zeigt, welches Elend und welcher Schmerz mit der Heilung einer Krebserkrankung verbunden sind.

Der Autor

Burkhardt Wunderlich wurde 1981 geboren. 1997 musste er wegen Krankheit ein Jahr lang die Schule unterbrechen. Drei Jahre später schrieb er sein erstes Buch: *Durchgekommen.* Seitdem arbeitet er auch als freier Journalist. Burkhardt Wunderlich lebt in Berlin.

BURKHARDT WUNDERLICH

DURCHGEKOMMEN

Ein 16-Jähriger besiegt den Krebs

WILHELM HEYNE VERLAG
MÜNCHEN

HEYNE ALLGEMEINE REIHE
Nr. 01/13488

Umwelthinweis:
Dieses Buch wurde auf
chlor- und säurefreiem Papier gedruckt.

Taschenbucherstausgabe 11/2001

Wilhelm Heyne Verlag GmbH & Co. KG, München
Printed in Germany 2001
Umschlagillustration: Marion Hunger, Berlin
Umschlaggestaltung: Nele Schütz Design, München
Satz: Pinkuin Satz und Datentechnik, Berlin
Druck und Bindung: Ebner Ulm

ISBN 3-453-19597-3
http://www.heyne.de

»Egal wie hart sie uns schlagen. Unsere verschlungenen Arme können nicht getrennt werden … Es wird eine Zeit kommen, da die Sonne durch die Wolken scheint.«
(Aus einem Lied inhaftierter, tibetischer Nonnen)

བོད་རང་བཙན།

www.durchgekommen.de

Für Gina
»I need you like the moon needs the sun to shine
oh every second you deh 'pon my mind«
(Patrice »Love«)

Meiner Familie, Franziska Krause, Inga Schuck,
Dieb in Dub Production …
ONE LOVE!

20. 1. 00. Es ist 23.57 Uhr, und ich sitz hier, zum Schlafen bereit, an meinem Computer! An meinem Computer! Zum Schlafen bereit! Was, zum Henker, mach ich hier? Im Schlaf-Geh-Outfit am Computer …

Seit langem spiele ich mit dem Gedanken, Schriftsteller zu werden. Schriftsteller! Ich, der hier in seinem Schlaf-Geh-Outfit an seinem Computer sitzt. Ich, dem 1997 vor den Latz geknallt wurde, dass er Krebs hat! Krebs! Abgefuckten, scheiß Krebs! Mit 15 Jahren! Ich, der hier in seinem Schlaf-Geh-Outfit um 23.57 Uhr an seinem Computer sitzt, der im Sommer 1999 seine Realschule abgeschlossen hat (und das Zeugnis war mies) und dem null Berufschancen vorhergesagt wurden, bekam 1996 Krebs! 1999 hab ich den Realschulabschluss gemacht … Und nun haben wir Anfang 2000. Und mein Gott! Diese ganzen Penner hatten Recht! Ja, ich hatte null Berufschancen! Bis jetzt … Denn jetzt werd ich Schriftsteller …

Ende November 1996: Es ist ein sehr kalter Novembertag. An die null Grad und ein Nieselregen, welcher sich wohl grad überlegt, in Schneeregen überzugehen. Es ist Donnerstag. Und Donnerstag heißt Fußballtag. Ich spiele seit einiger Zeit beim Sport-Club-Charlottenburg (SCC) in der zweiten B-Jugend. Zweite B-Jugend daher, weil es für jede Altersklasse Buchstaben gibt … Bis 17 Jahre darf man noch in der B-Jugend spielen. Und ›Zweite‹ daher, weil in diesem B-Jugendjahrgang sehr viele spielen. Und in die ›Zweite‹ dürfen dann die, die zu schlecht sind für die ›Erste B‹. Aber Scheiße noch mal! Ich bin gut genug für die ›Erste B‹! Sogar besser! Ich rede mir ein, dass es wohl daran liegt, weil ich noch nicht allzu lang in diesem Verein bin und der Trainer (den Namen hab ich vergessen ... Fett war er ... Und Raucher ... Beste Voraussetzungen also, um Fußballtrainer zu sein) meine Fähigkeiten noch nicht kennt. Also ist es nur noch eine Frage der Zeit, wann der Trainer mich zu schätzen lernt.

Fußball ... Fußball konnte man ohne jeden Zweifel ›mein Leben‹ nennen ... ›Das Leben des Burkhardt Wunderlich‹. Ich bin mit Fußball sozusagen aufgewachsen. Mein Vater Reinhard ist 49 und spielt schon seit seiner Jugend Fußball. Also schon länger her ... Mein Bruder Christian ist 19 und ist auch schon ziemlich früh dem Fußball verfallen. Also lag es nahe, dass mir die runde Kugel mit in die Wiege (die ich als Baby nicht mal hatte) gelegt wurde ... Ach ja ... Meine Mutter ... Claudia heißt sie, und 50 Jahre ist sie alt. Die hält ziemlich wenig von Fußball ... Aber ist das verwunderlich?

Mit ca. 6 Jahren hat mich mein Vater zu einem seiner Fußballspiele mitgenommen. Da wurde ich dann auch das erste richtige Mal mit dem runden Leder konfrontiert. Fand ich Klasse. Nee, ehrlich. Ich durfte sogar in der Halbzeit mit aufs Spielfeld.

Es war also ein sehr kalter Novembertag. Training war angesagt. Das Training hat sogar einigermaßen Spaß gemacht. Die Erste und die Zweite B hatten getrennt Training. Jede auf einer Spielfeldhälfte. Das

Training findet jeden Dienstag und jeden Donnerstag statt. Jeweils von 18 bis 20 Uhr. Und bei jedem Training (na ja, bei fast jedem) gibt's am Ende das ultimative Highlight. Ein Trainingsspiel zwischen der Ersten und der Zweiten B. Und das hieß an diesem Tag: Zeigen, was ich so draufhab. Zeigen, dass der blöde Trainer keine Ahnung vom Fußball hat, weil er mich in die Zweite B degradiert hat! Zeigen, was ich für geile Tricks draufhab!

Wenn man das Sich-Hinlegen als solches schon als Trick bezeichnet, hab ich wirklich Tricks (na ja, einen halt) gezeigt. Denn schon nach ein paar Minuten lag ich flach und hab mich gewälzt. Es geschah so: Flo, der vor der Abwehr agiert, hat einen Steilpass (hey, der war gut!) zu mir gespielt, und aus ca. 20 Metern will ich ausholen und den Ball aufs Tor knallen. Doch dazu kam es leider nicht. Von rechts kommt ein Abwehrspieler der Ersten B herangestürmt und trifft mich genau am rechten Knie. Tja, das war das Ende des Liedes ... Das Ende des Spiels ... Das Ende mit dem Fußball ... Für immer ... Der Anfang des Krebses ...

Da ich nur knapp 300 Meter vom Trainingsplatz entfernt wohne, habe ich das Training abgebrochen und bin sofort nach Hause. Ich klingelte mit schmerzverzerrtem Gesicht. Meine Mutter öffnete die Tür, und Benny (mein Hund) empfing mich und fiepte nervös rum. Meine Mutter fragte nicht, wieso ich schon so früh zu Hause sei. Sie fragte, ob ich baden gehen wolle. Badewasser sei schon in der Wanne. Ich schüttelte mit immer noch schmerzverzerrtem Gesicht den Kopf und bat meine Mutter, mir die Schuhe auszuziehen. Und da ich diese Bitte seit ca. 12 Jahren nicht geäußert hatte, fragte meine Mutter endlich, was los sei. Ich erzählte von dem Schussversuch und dem Tritt gegen das Knie. Sie brachte mir Einfühlungsvermögen entgegen, was mir echt viel bedeutete. Hey, sie ließ sogar ihren Film im Fernsehen Film sein und widmete sich mir! Ihrem Sohn! Na, wenn das nix ist … Wenigstens etwas …

Wir wohnen in Berlin-Charlottenburg. Wir haben dort ein 3-stöckiges Haus. Das gehört uns schon seit dem Zweiten Weltkrieg. Das Haus ist wunderschön. Es hat einen großen Garten, und am Haus wächst Efeu. Rot und grün. Im Sommer, wenn alles blüht, sieht es aus wie im Bilderbuch.

Das Erdgeschoss ist die ›Familienetage‹. Hier befinden sich Badezimmer, Küche und Wohnzimmer. Die erste Etage ist die Etage meiner Eltern. Ein weiteres Badezimmer und eine Küche (aber zu einem Wäscheraum umgestaltet), Gästezimmer (hauptsächlich von Benny in Beschlag genommen) und das Eheschlafzimmer.

Die dritte Etage gehört meinem Bruder und mir. Jeder hat ein Zimmer. Nicht groß und nicht klein. Ausreichend, meiner Meinung nach. Wie in den anderen Etagen gibt es auch hier ein Badezimmer und eine Küche, die als allgemeines Arbeitszimmer genutzt wird.

Ich humpelte die Treppe hoch, um in mein Zimmer zu gehen. Ich bat meine Mutter, mir doch bitte Eis und die Mobilat-Salbe zu bringen.

In meinem Zimmer angekommen, legte ich mich sofort in mein Bett. Das ist so ein französisches … Schön groß … Kurze Zeit später kam meine Mutter hoch. Sie hatte meine Bitte erfüllt. Welch Freude …

Die Nacht war schrecklich. Ich bekam Krämpfe. Genau in diesem rechten Bein. Es tat höllisch weh.

Am nächsten Tag und in den nächsten Wochen und Monaten erzählte ich niemandem von den Krämpfen jener Nacht, da sie in den nächsten Tagen und Wochen auch nicht wiederkamen. Und hey! Was ist schon so schlimm daran, eine Nacht lang mal Krämpfe zu haben? Soll ich da gleich denken: »Mensch! Das kann Krebs sein!« Ist doch echt abwegig.

Von November bis Ende 96 hatte sich wenig geändert. Ich ging zur Schule, ich ging zum Fußballtraining. Ich machte das, was ich immer machte. Bis zu jenem Tag. Ich fühlte mich unwohl und bat meine Mutter, mich zu Hause zu lassen und nicht in die Schule zu schicken. Meine Mutter ist in dieser Hinsicht immer Klasse gewesen. Wenn ich sagte, mir ging's mies, ließ sie mich zu Hause und schrieb mir eine Entschuldigung. Es kam also nur zu oft vor, dass ich dies ausnutzte, um blauzumachen. Aber mein Gott! Wer macht das nicht?? Ich bin 15! Ich hasse die Lehrer! Ich hasse das frühe Aufstehen! Ich hasse einfach die ganze Schule!

Dieser Tag war aber anders. Es ging mir wirklich dreckig. Es fing mit Übelkeit und Kopfschmerzen an und endete im Laufe des Tages mit Krämpfen. Mit höllischen Krämpfen! Und lang andauernden Krämpfen! Es war schrecklich. Ich konnte mein Bein nicht bewegen und nicht mal mit dem linken Bein humpelnd rumlaufen! Nix ging! Und das dauerte lange an ... Zum Klo z. B. musste ich kriechen, was ebenfalls höllisch wehtat. Da die Schmerzen nicht aufhörten, bestellten wir unseren Hausarzt nach

Hause. Der wusste aber anscheinend auch nicht so recht, was er davon halten sollte, und gab mir nur den super Tipp, das Knie immer schön zu kühlen und ruhig zu halten. Klasse. Dafür kommt der nun zu uns nach Hause! Für diesen heißen Tipp! Als ob ich das nicht schon die ganze Zeit mache! Wofür wird der bezahlt? Zahlt diesen Besuch die Krankenkasse? Oder müssen wir den sogar noch bezahlen, weil er zu uns nach Hause gekommen ist?

Diese ganze Wehtun-Prozedur dauerte die ganze Nacht durch. Am nächsten Tag ging es so weit, dass mich mein Vater zu einem anderen Arzt fuhr.

Wir meldeten uns telefonisch an und bekamen einen Termin um 16 Uhr. Der Arzt befindet sich in der vierten Etage. Wir benutzen den Aufzug. Oben angekommen, machen wir die Tür auf. Die Frau (Rote kurze Haare. Schöne braune Augen und schlank. Ob die wohl einen Freund hat?) an der Anmeldung fragt in einer launischen Art nach meinem Namen. Auf mein ebenso launisches »Wunderlich« kam dann ein launisches »Bitte noch einen kleinen Augenblick im Wartezimmer Platz nehmen. Ich rufe Sie auf, sobald Sie dran sind«. Wir nahmen im überfüllten Wartezimmer Platz. Ich machte meinen Walkman an und hörte ein Tape. (Deutschen Hip-Hop, für die, die es genau wissen wollen.) Mein Vater ist immer sehr nervös, wenn es um Ärzte geht. Also wegen dem ganzen Drumherum. Nicht nur, wenn es um ihn geht, nein, viel mehr noch, wenn es, wie jetzt zum Beispiel, um mich geht. Wir saßen nicht mal 2 Minuten, und schon verschwand er aufs Klo.

Ich malte mir nun ebenfalls einen Klobesuch aus. Und zwar zusammen mit der rothaarigen Anmeldungs-Tussi. Ich meine, wieso soll ich hier blöd im Wartezimmer rumhocken? Kann ich doch genauso gut mit ihr aufs Klo gehen und sie poppen. Was sie wohl machen würde, wenn ich zu ihr gehen und sie fragen würde? So Leid es mir tut, aber die Antwort weiß ich nicht, denn ich war zu feige, sie zu fragen.

Nach ca. 45 Minuten rief die rothaarige Anmeldungs-Tussi meinen Namen auf und führte mich in den Behandlungsraum. Der Arzt gab mir die Hand und forderte mich auf, mich zu setzen.

Er war alt. Na ja, zumindest sah er alt aus. So Mitte 50, Anfang 60, würd ich tippen. Auf jeden Fall konnte ich seine original Haarfarbe nicht erkennen. Wahrscheinlich war sie grau, oder auch nicht. Sei es drum. Er fragte mich, was ich hätte, und bat mich, mich hinzulegen und die Hose auszuziehen. Brav tat ich, was der alte Mann von mir wollte. Er tastete mein rechtes Knie ab. Drückte und piekte überall rum. Nicht nur am Knie. Besonders unterhalb des Knies. Ich sollte sagen, wenn es besonders wehtut. Das tat ich auch. Komischerweise war es nicht genau das Knie. Nein, es war etwas unterhalb. Er kam zu dem Entschluss, dass es der Schleimbeutel sei, der mir Schmerzen bereitete. Schleimbeutel? Was, zum Henker, ist das? Befindet sich zumindest etwas unterhalb des Knies. Nun gut. Er schlug vor, mir eine Spritze zu geben, was er dann auch tat. Er laberte noch, dass es durch diese Spritze besser werden würde und dass die Schmerzen dann bald nachlassen würden, usw. Was Ärzte halt so labern. Ob es dann wirklich eintrifft, wird sich zeigen.

Es wurde nicht besser.

Mein Vater und ich fuhren wieder nach Hause.

Wir haben einen weißen Toyota. Den haben wir seit ca. 2 Jahren. Gebraucht war der. Wir holen uns immer Gebrauchtwagen. Der Nachteil an denen ist, dass die nicht allzu lange halten. Dieser hält zum Glück noch. Noch, möchte ich betonen … Die vorherigen Autos von uns hielten nicht so lange. Da war zuerst unser brauner VW-Bus. Der war super. Schön viel Platz hatte man da. War gut zum Verreisen. Den haben wir dann weiterverkauft. Für ganze 1000 DM. Daraufhin holten wir uns für ca. 2500 DM einen blauen Opel. Den haben wir einem Freund von meiner Mutter abgekauft. Im Vergleich zu unserem VW-Bus war dieser natürlich winzig. Und gefallen hat er uns auch nicht so sonderlich. Aber er war billig. Und billig ist immer gut. Oder etwa nicht? Der hielt aber auch nicht lange. Halt diese angesprochenen 2 Jahre. Und dann kam der, den wir jetzt haben. Der geht so einigermaßen. Etwas größer als der blaue Opel. Opel … Vielleicht lag's daran, dass ich den blauen nicht mochte … Opel ist der Hauptsponsor von Bayern München. Und Bayern München ist scheiße! Meine Lieblingsmannschaften sind der Hamburger SV und Tennis Borussia Berlin.

Vom Hamburger SV bin ich schon seit Jahren Fan. Seit ich 7 Jahre alt bin. Das war eine komische Story. Ich hab Fernsehen geguckt und sah da jemanden, der ein Hamburger-SV-Trikot anhatte. Und von da an wusste ich, dass ich Fan von genau dieser Mannschaft war. Ich wusste nicht, wie die Mannschaft heißt, ich wusste nicht, in welcher Liga die spielt, ich wusste einfach nix über sie. Aber irgendwann und vor allem irgendwie muss man ja anfangen, Fan zu werden.

Von Tennis Borussia wurde ich sozusagen erdrückt ... Mein Vater ist seit seiner Kindheit Fan von TeBe, und mein Bruder wurde durch ihn ebenfalls Fan. Und genau wie die Geschichte, wie ich zum Fußball kam, ist es auch hier. Mein Vater nahm mich mal mit zu einem Heimspiel von TeBe. Die spielen hier nur ca. 10 Minuten entfernt im Mommsenstadion. TeBe hat 2:1 gewonnen. Gegen wen, weiß ich nicht mal mehr, aber wie sie gespielt haben, weiß ich noch. Sehr merkwürdig. Na ja, Hauptsache gewonnen. Ja, und seitdem bin ich Fan von TeBe.

Für TeBe hab ich schon seit Jahren eine Dauerkarte. Versäume also kaum ein Spiel. Das sollte sich aber ändern ...

Meine Mutter wartete gespannt auf uns und fragte mich sofort aus, was der Arzt meinte und was er gemacht hat. Ich erzählte ihr von dem alten Mann, der sonderbarerweise einen Doktortitel trägt. Dass er mich abgetastet hat, irgendwas von einem Schleimbeutel faselte, mir daraufhin eine Spritze (wieso müssen Mütter immer ihre Augen so verdrehen, wenn sie das Wort ›Spritze‹ hören?) gegeben und mich zugelabert hat, dass die Schmerzen nun nachlassen werden. NUN! Durch seine magische Spritze! Ha! Dass ich nicht lache.

Ich wachte am nächsten Morgen auf. Die Schmerzen waren noch da. Zwar nicht mehr so schlimm wie vor 2 Tagen, aber sie waren noch da. Vergleichbar mit denen von gestern. Ich ging die vielen Stufen hinunter, um zu frühstücken. Meine Mutter fragte, wie's mir geht, und meinte, dass sie eine Ärztin kennt. Eine Mutter von einem ehemaligen Pflegekind von ihr.

Meine Mutter ist Tagesmutter. Schon seit vielen Jahren. Täglich (also von Montag bis Freitag) kommen so an die 3 bis 4 kleinen Kinder (unterschiedlichen Alters) zu uns nach Hause. So gegen 8 Uhr in der Früh kommen sie, und gegen 15 Uhr nachmittags werden sie wieder abgeholt.

Und von einem ehemaligen Pflegekind ist die Mutter halt Ärztin. Und zwar so eine, die auf Sportverletzungen usw. spezialisiert ist. Meine Mutter erzählte mir von ihr und meinte, dass es ja nicht schaden könnte, mal zu ihr zu fahren, damit sie sich mein rechtes Knie anguckt.

Begeistert war ich von der Idee nicht, aber erstens ist es sehr schwer, meine Mutter von etwas abzubringen, was sie sich in den Kopf gesetzt hat (und das hat sie gerade), und zweitens, so schlecht ist der Vorschlag ja nun doch nicht.

Wir verblieben so, dass wir erst mal noch 2 bis 3 Tage abwarten und dann weitersehen. Vielleicht geht es dem Bein ja in den nächsten Tagen wirklich besser.

3 Tage später. Anfang Februar. Mein Vater fuhr mich zu ihr. ›Frau Dr. Stuckert‹ steht an einem kleinen Türschild. 3. Etage ... Wieso müssen die ganzen Ärzte immer so weit oben ihre Praxen haben?

Meine Mutter hat, wie schon bei dem anderen Arzt, früh am Morgen angerufen und einen Termin gemacht. Wir sind sogar fast pünktlich. Na ja, fast. 24 Minuten zu spät.

Und das heißt erst mal, Rechenschaft bei der Anmeldungs-Tussi abgeben. Diesmal ist die Tussi an der Anmeldung hässlich. Nicht so wie die beim anderen Arzt. Nein. Diesmal ist sie hässlich! Potthässlich!

Diesmal male ich mir bestimmt nicht aus, auch wenn das Wartezimmer brechend voll ist und ich da Stunden sitze, wie, wann und wo ich mit ihr vögeln werde. Nein, diesmal bestimmt nicht.

Sie hält mir einen Vortrag, dass wir 24 Minuten zu spät dran sind und dies natürlich nicht in Ordnung sei, und ob ich denn nicht mal hätte anrufen können, dass es später wird. Schließlich wird ja der ganze Plan umgeworfen ... Plan? Was für ein Plan? Bei den Arztpraxen ist es immer derselbe Scheiß. Wenn du auch nur eine einzige, eine winzige Minute zu spät kommst, bekommst du was zu hören. Aber mein Gott. Wenn ich pünktlich komme, oder gar zu früh, ist es doch so, dass man eh noch ewig im Wartezimmer hockt und wartet, bis man rankommt. Denn wenn Ärzte eines gut können, dann ist es, die Termine, die sie geben, nicht einzuhalten. Ja, ihr Ärzte da draußen! DAS könnt ihr gut!

Ich nicke ihr mit einem Blick, der nach ›Leck mich doch am Arsch‹ aussieht, zu und gehe ins Wartezimmer. Mein Vater ist übrigens schon aufs Klo gegangen und konnte mir daher nicht bei der tollen Moralpredigt zur Seite stehen. Wenig später kommt er zurück und setzt sich auf einen leeren Stuhl. Nicht neben mich, da das Wartezimmer mal wieder brechend voll ist und neben mir kein Stuhl frei war.

Ich hole meinen Walkman heraus und höre Musik. Dasselbe Tape wie auch bei dem anderen Arzt.

Über eine Stunde ist vergangen, als mich die blöde Anmeldungs-Tussi in das Behandlungszimmer führt. Auf dem Weg dorthin betrachte ich ihren fetten Hintern, der hin und her wackelt. Ich male mir aus, wie sie wohl Sex hat, oder ob sie überhaupt schon jemals Sex hatte. Denn ich kann mir beim besten Willen nicht vorstellen, dass es jemand freiwillig mit ihr tut. Ich kann mir ein kleines schelmisches Grinsen nicht verkneifen, zumal ich grad an meinen kleinen Vorsatz gedacht habe, den ich mir vor Betreten des Wartezimmers geschworen habe. Ja, genau der. Nämlich dass ich mir nicht ausmalen werde, wo, wann und wie ich Sex mit ihr habe. Und YES!! Ich hab's geschafft!!

Nicole (so heißt Frau Stuckert mit Vornamen) empfängt mich freundlich und fragt mich erst mal aus. Wie es meinen Eltern gehe, meinem Bruder, mir usw. »Gut, gut, Scheiße«, hätte ich mal sagen sollen, aber ich hab's nicht gesagt. Wieso eigentlich nicht? Ist doch die Wahrheit. Allen geht's gut. Nur mir nicht. Toll.

Ich erzählte von dem Fußballspiel, dem Tritt und all dem, was danach folgte. Ich erzählte ihr sogar von den Krämpfen in der ersten Nacht nach dem Spiel. Ich erzählte ihr auch von meinem Arztbesuch, von der ›Schleimbeutel-Diagnose‹ und der Spritze, die ich bekam. Und irgendetwas stimmte nicht mit dem, was ich ihr erzählte. Denn sie guckte etwas entsetzt. Wenn auch nur leicht. Nach der Frage, wo genau er gespritzt hat, und meiner Antwort wirkte sie noch entsetzter. Nun erfuhr ich auch endlich, warum. Man darf an dieser Stelle, wo dieser besagte Arzt (war bestimmt so ein Pfuscher!) gespritzt hat, gar nicht spritzen!! Aaaaja … Wie schön, dass ich das nun auch weiß. Wieso sagt die mir das erst jetzt??!! Ach ja … Davor hatten wir uns ja gar nicht gesprochen. Okay. Zu schnell aufgeregt. Oder doch nicht? Ich ließ mir alles genauer erklären, und es klang alles sehr plausibel und wirklich nach der Wahrheit. An meinem rechten Bein, unterhalb des Knies, darf nicht gespritzt werden!

Nachdem sie sich mein Knie genauer angeschaut und sämtliche Bewegungen getestet hatte, kam sie zu dem Entschluss, dass sie mir zuallererst Einlegesohlen verpasst. So extra welche, womit das rechte Knie weniger belastet wird.

Dann gab sie mir noch neue Termine. Alle zwei Tage solle ich nun in ihre Praxis kommen. In einem Hinterraum befindet sich eine Art Massage-Behandlungsraum für sämtliche Schmerzen oder so ähnlich. Da solle ich dann jedes Mal hingehen. Die würden mir dann so ein Gel aufs Knie und um das Knie herum schmieren und mit einem elektrischen Gerät bestrahlen. Damit das Gel einwirkt. Des Weiteren wurde mir Krankengymnastik verschrieben! Fand ich nicht so Klasse, den Gedanken, mein Knie zu belasten und in alle Richtungen drehen zu lassen, nein, das fand ich nicht so toll.

Aber wenn es helfen soll …

Wir verabschiedeten uns und sie bestellte noch beste Grüße an meine Eltern. Mein Vater saß immer noch draußen im Wartezimmer.

Mitte Februar. Die letzten ca. 2 Wochen verliefen ›normal‹. Keine besonderen Vorkommnisse in Hinsicht auf mein Bein. Ich ging wie abgemacht zu diesen Gel-Behandlungen und besuchte regelmäßig die Krankengymnastik.

An diesem Tag hatte ich wieder einen Termin bei Nicole. Diesmal aber sollte mein Vater bitte auch mit ins Behandlungszimmer kommen, was ich nicht so toll fand, aber wenn sie es so wollte. Es folgten die üblichen Wie-geht's-dir-wie-geht's-Claudia-Gespräche. Das zog sich etwas hin, bis die beiden dann merkten, wieso sie eigentlich hier sind. Nämlich wegen seines Sohnes und wegen ihres Patienten, dem es scheiße geht, weil sein Knie schmerzt! Also hört gefälligst auf, hier rumzutratschen!

Gleich zu Beginn des Gesprächs (diesmal ging es um mich!) wurde ein neues Wort von Nicole in den Raum geworfen. ›Röntgen‹. Fantastische Idee!! Macht man das nicht eigentlich sofort beim ersten Besuch, wenn der Patient Schmerzen hat und man genau wissen will, was los ist?? Na ja, bei dem anderen Arzt war dies nicht der Fall, und bei Nicole bis heute auch nicht. Sie hatte auch gleich einen Termin für mich gemacht. Die Röntgenpraxis war eine Etage unter ihrer Praxis. Zu meiner Freude war das Wartezimmer brechend voll … Ob ich jemals einen Arztbesuch erleben werde, wo außer mir keiner im Wartezimmer sitzt?? Ich fürchte, nein. Dieselbe Prozedur wie immer. Walkman raus und warten, bis ich dran bin. Doch zu meinem Erstaunen ging das bei den Kollegen hier wesentlich schneller als z. B. bei Nicole oben … Na ja, kein Wunder … Wenn Ärzte immer so lange Vorgespräche mit ihren Patienten führen wie Nicole mit meinem Vater, ist es ja kein Wunder, dass man immer ewig im Wartezimmer warten muss … Na ja, darum heißt es ja auch ›Wartezimmer‹ …

Nun ja. Keine Zeit zum lange Nachdenken. Ich bin dran. Ich werde von einer netten Frau (so Anfang 20) in eine Kabine gebeten. Ich ziehe meine Hose aus und lege mich auf eine lange Schiene. Über dieser befindet sich so ein großes Röntgengerät. Sie macht die Vorhänge zu und bittet mich, mich ein paar Sekunden nicht zu bewegen. Ich gehorche und bewege mich nicht. Nach ein paar Sekunden war dann auch schon alles vorbei. Röntgen geht zum Glück schnell. Daher auch das schnelle Auflösen des zuvor vollen Wartezimmers. Mein Vater ist sichtlich erfreut, dass es so schnell ging. Wir werden gebeten, wieder hinauf zu Frau Dr. Stuckert zu gehen. Die Ergebnisse bekommt sie dann nach oben gebracht.

Oben dürfen wir zum Glück gleich weiter ins Behandlungszimmer. Also nicht noch mal Walkman-hören-und-lange-Warten. Eigentlich war der Gang zu ihr nach oben überflüssig, denn das war's auch schon. Wir durften nach Hause fahren. Die Röntgenergebnisse bekommt sie zwar nachher noch, aber sie sagt uns dann in den nächsten Tagen, was bei den Bildern zu sehen ist. Es sei denn, es sei wichtig (dann würde sie uns zu Hause gleich anrufen), was keiner von uns allen hoffe … Denn ›wichtig‹ würde wohl so viel wie ›schlimm‹ heißen.

Zu Hause angekommen, richtete mir meine Mutter aus, dass Tobias angerufen hat und ich ihn bitte zurückrufen solle. Tobi ist sozusagen mein bester Freund. Wir kennen uns seit der 7. oder 8. Klasse. Weiß ich nicht mal mehr so genau. Er wohnt nur eine Straße von mir entfernt und geht in dieselbe Klasse wie ich. Wir hängen sehr viel zusammen ab und unternehmen sehr viel gemeinsam.

Ich rief ihn sofort zurück. Und das Ergebnis dieses Telefonats war, dass ich bei ihm penne. Bis morgen.

Kurz bevor ich zu ihm rübergehen will, erzählen mir meine Eltern, dass sie gleich noch ins Kino wollen. Sehr überraschend. Normal ist, dass wenn meine Eltern mal weggehen, sie das schon lange vorher wissen und planen. Und von einem Kinobesuch haben sie mir nix erzählt. Sei es drum, mir kann's ja egal sein. Bin ja eh nicht da.

Tobias ist ebenfalls 15. Genau wie ich. Ich bin aber älter. Werde am 2. März 16 Jahre alt. Er erst im Spätsommer. Er hat auch ein großes Haus. Seine Eltern sind wie immer nett und seine kleine Schwester sieht nicht unbedingt wie seine kleine Schwester aus. Dazu sieht sie noch recht gut aus. Die weiteren Gedankenzüge bleiben hier unausgesprochen.

Im Erdgeschoss haben sie eine Sauna, einen Billardtisch und eine Dartscheibe. Also viel, um Fun zu haben. Einen Computer hat er auch. Also alles da, damit einem nicht langweilig wird. So gegen 21 Uhr klingelt bei Tobi das Telefon. Meine Mutter ist dran. Sie ruft nicht von zu Hause an. Sie sagt mir, dass sie gleich ins Kino gehen ... Höchst interessant. Nur weiß ich das doch. Das haben sie mir doch vorhin schon gesagt! Und wieso rufen sie extra aus der Stadt an, um mir genau dasselbe noch mal zu sagen? Haben sie vergessen, dass sie es mir bereits gesagt haben? Ich glaube nicht. Meine Eltern gehen zwar auf die 50 zu, aber dass sie das vergessen haben, trau ich ihnen dann doch nicht zu. So ungefähr sagte ich ihnen das auch wirklich. Halt dass sie mir das doch schon alles erzählt haben usw. Vorhin erst. Gar nicht mal lange her. Aber bis auf ein »Ach so« bekam ich nichts zu hören. Sie verabschiedeten sich mit einem »Na dann viel Spaß noch. Bis morgen«.

Wir wachten ziemlich früh auf. Gegen 9 Uhr. Spät schlafen gegangen und früh aufgestanden. Das passt doch nicht zusammen. Ich zog mich schnell an. Frühstücken wollte ich zu Hause. Wir verabredeten uns für später, denn mein Geburtstag lag in naher Zukunft, und ich wollte mal gucken, was ich mir so alles wünschen konnte.

Ich ging nach Hause, was wegen dem geringen Abstand unserer Häuser zueinander auch nicht allzu lange dauerte. Ich klingelte. Mein Vater öffnete mit bleichem Gesicht. Ich ging hinein, betätschelte den wie immer freudigen Hund. »Wo ist Claudia? Ich will nachher mit Tobi noch in die City, um Geburtstagsgeschenke auszusuchen. Geld wär nicht schlecht.« – »Claudia ist bei Anne.« Anne ist eine gute Freundin von ihr. Mein Vater immer noch kreidebleich. Er bat mich, mich hinzusetzen. Mit einer sehr leisen und zitternden Stimme. Ich reagierte gereizt und maulte rum. Wie so oft.

»Was soll der Scheiß? Was ist los?«

»Bist du sicher, dass du dich nicht setzen willst?«

»Ja«, gab ich erregt zurück.

»Wir waren gestern bei Nicole Stuckert in der Praxis. Sie hatte uns angerufen.«

»Ich dachte, ihr wart im Kino?!«, gab ich zurück. Dazu sagte mein Vater nichts.

»Die Röntgenergebnisse. Sie waren fertig. Wir sollten, so schnell wie es ging, in die Praxis kommen. Es sei etwas nicht in Ordnung mit den Bildern ... Du hast einen Tumor im rechten unteren Bereich des Knies. Du hast Krebs.«

Nun wurde auch ich bleich. Krebs ... Ich? Niemals! Was verbindet man als Erstes, wenn man ›Krebs‹ hört? Sicher nicht, dass er lecker schmeckt.

Man denkt an den Tod!

Und nur an das!

Und erst recht, wenn man erfährt, dass man selber Krebs hat. Diagnose Krebs. Ich ging ohne einen Kommentar hoch in mein Zimmer. Mein Bruder schläft noch. Ob er es schon weiß? Ich weiß es nicht. Ich gehe nicht in mein Zimmer. Ich gehe ins Badezimmer. Ich stelle mich vor den Spiegel, der an der Wand hängt, und gucke mich an. Gucke mich lange an. Sehe mein bleiches, ausdrucksloses Gesicht. Sehe meine pure Angst. Sehe den Tod vor mir. Ich sehe den Krebs. Ich sehe … kann man den Tod und den Krebs selbst sehen? Ich weiß es nicht. Den Krebs eher … Wie hätte Dr. Stuckert ihn sonst entdecken können? Aber den Tod … Kann man den Tod sehen … Ich weiß es, wie gesagt, nicht … Doch eins weiß ich … jetzt, in diesem Augenblick, seh ich ihn. Ich sehe den Tod! Ich fange an zu weinen. Nein, nicht zu weinen. Ich fange an zu heulen. Zu flennen. Ich lasse mein Gesicht gegen den Spiegel sacken und fange an zu heulen.

Ich gehe zurück in mein Zimmer. Lege mich auf mein Bett. So richtig weiß ich, glaub ich, noch nicht mal, was das nun bedeutet. Krebs? Na und? Und nun? WAS kommt nun? Was passiert?

Ich weiß, was passiert …

Ich fahre mit Tobi in die Stadt. Die Busfahrt bis in die Stadt ist entschieden ruhig, was sonst eher seltener vorkommt. Ich sage ihm natürlich nicht, dass ich Krebs habe. Wie würde er wohl reagieren? Was würde er machen, wenn ich es ihm jetzt, hier im Bus, sagen würde? Ich weiß es nicht, und ich will es auch gar nicht wissen. Ich schaue die gesamte Busfahrt aus dem Fenster, mit dem Kopf an das Fenster gedrückt. Noch nie war eine Busfahrt so leer. Noch nie war ich so leer. Noch nie habe ich mich so leer gefühlt. Ich kannte dieses Gefühl bisher noch nicht. Leere? Das ist das erste Mal, daß ich mit so etwas konfrontiert werde.

Mein Gott! Ich bin 15! Meine Oma ist vor 4 Jahren gestorben ... Da war ich 11. Da hätte ich auch Leere fühlen können. Hab ich aber nicht. Da war ich halt 11. Da wusste ich nicht mal, was der Tod ist. »Wie, Oma ist jetzt nicht mehr da?« Ich muss zu meiner Schande gestehen, dass ich mich sogar an diesem Tag auf etwas gefreut habe. Meine Eltern waren nach Prag verreist. Zu dem Zeitpunkt, als meine Oma starb. Sie war die Mutter von meiner Mutter. Ich habe mich darauf gefreut, es meinem Vater und meiner Mutter am Telefon zu sagen. Darauf habe ich mich gefreut!

Und nun? Nun fühle ich Leere. Und die Leere ist ein scheiß Gefühl! Ein abgefucktes, scheiß Gefühl!

Als ich wiederkam aus der Stadt, ging ich in das Wohnzimmer. Meine Mutter saß am Tisch und las Zeitung. Mein Bruder saß im Fernsehsessel und guckte fern. Und mein Vater war mit dem Hund spazieren. Ich ging zu meiner Mutter und legte ihr einen Zettel hin. Auf dem standen meine Geburtstagswünsche. Sie guckte ihn sich nicht an. Ich guckte sie an. Sie guckte mich an. Ich ging zu meinem Bruder und setzte mich auf einen Stuhl und guckte auch fern.

Mein Wunschzettel ... Es standen viele Sachen drauf. 2 Playstationspiele, ein Baseballhandschuh, neue Fußballschuhe (obwohl das mit dem Sport ja nun nicht mehr so rosig aussieht), Klamotten. Und was man sich halt so als bald 16-jähriger Junge wünscht.

Ist das nicht seltsam? Nur materielle Sachen drauf. Stimmt schon. Aber mein Gott! Ich werd 16! Soll ich mir da Weltfrieden wünschen oder was? Was soll das? Das ist aber so eine Sache. Wie diese typischen ›Wünsche fürs nächste Jahr‹ am Silvesterabend. Oder halt jetzt: »Was wünschst du dir?« Alle meinten immer ›Gesundheit‹ und so ein Quark. Quatsch mit Soße! Ich will Geld! Ich will reich sein! Wenn ich reich bin, kommt alles andere von selbst! Vielleicht stimmt das sogar ... Weiß ich nicht. Ich bin nicht reich und ich habe Krebs. Woher soll ich wissen, ob ich auch Krebs hätte, wenn ich Millionär wäre?

Abends riefen mich mein Vater und meine Mutter nach unten an den Tisch. Sie wollen mit mir reden. »Na Klasse ...«, dachte ich nur. Ich kam runter, und das Erste, was ich von mir gab, war eine Frage. Eine typische Frage für mich ... »Was ist eigentlich mit der Schule? Da brauch ich doch jetzt nicht mehr hin, oder?«

Klasse, Herr Wunderlich! Sie sind super! Zu meiner Freude brauchte ich tatsächlich nicht mehr in die Schule. Hat der Krebs vielleicht doch seine guten Seiten? Ehe ich diese Zeile zu Ende denken konnte, holte mich mein Vater wieder auf den Teppich. »Du musst übermorgen ins Martin-Luther-Krankenhaus. Dort wirst du übermorgen operiert. Und zwar wird dir ein kleines Stück Knochen aus der rechten unteren Seite deines Knies entfernt. Dieses wollen sie dann genauer analysieren.« Genauer analysieren? Hat sich Frau Stuckert vielleicht doch getäuscht?

Vielleicht ist es gar kein Krebs? ›Genauer analysieren‹ klingt doch gut, oder etwa nicht? Das hört sich nach einer kleinen Chance an …

Die schon bald zunichte gemacht wurde …

Das Krankenhaus ist mies. Es sieht schäbig aus. Daran ändert auch die Tatsache nichts, dass mein Bruder und ich hier zur Welt kamen.

Ich werde in ein Vorbereitungszimmer gebracht, wo sich der Arzt, der mich operieren wird, das Bein genauer anguckt. Ein kleines Lächeln durchdringt mein finsteres Gesicht, als ich sehe, dass Nicole dazukommt. Unterstützung ist immer gut.

Der Arzt malt lauter Striche auf den zu operierenden Teil. Er erklärt mir, wie die morgige Operation ablaufen wird, wie lange sie dauern wird, dass ich betäubt werde. Ob Ganzkörper-Betäubung oder nur eine Betäubung für diesen Teil, der operiert wird, darf ich mir aussuchen. Ich entscheide mich für Ganzkörper-Betäubung. Kein Bock, mit anzusehen, wie die da an meinem Bein rummachen und pausenlos ›Schere‹, ›Zange‹, ›Tupfer‹ sagen. Nein, danke.

Mein Zimmer ist mieser als mies. Dagegen ist das Krankenhaus schön. Ein olles Telefon und ein TV-Gerät stehen in dem Zimmer. In beide müssen spezielle Karten hinein, die es im Flur an so einem Automaten für teures Geld zu kaufen gibt. Das Bett quietscht, die Krankenschwester passt sich auch dem ganzen Krankenhaus an … Also alles mies hier. Meine Stimmung ist natürlich dementsprechend. Werd ja morgen schließlich operiert. Mein Vater verabschiedet sich kurz und holt mir 3 Karten aus dem Automaten. 12 DM pro Stück. Später muss ich feststellen, dass eine

12-DM-Karte für ca. 30 Minuten Fernsehgucken reicht. Frechheit! Ich beschließe, nur für mich, diese Firma, die diese Karten herstellt, zu verklagen ... Das behalte ich aber für mich, alles zu seiner Zeit.

Meine Eltern verabschieden sich und versprechen, morgen ins Krankenhaus zu kommen.

Mein Zimmer ist ein 2-Mann-Zimmer. Doch zu meinem Glück steht das zweite Bett leer. Aber leider nur für kurze Zeit.

Mitten in der Nacht wird ein neuer Patient eingeliefert. Ein Mann. Etwas älter. Seine Frau begleitet ihn. Leicht hysterisch, die Alte. Sie grüßen freundlich und entschuldigen sich für die Lautstärke und dass ich wach geworden bin. Wie reizend.

Am nächsten Tag kommen meine Eltern. Recht früh. Zu früh für meinen Geschmack. Für 13 Uhr ist meine Operation angesetzt. Frühstücken darf ich nichts, da mein Magen leer sein soll. Trinken darf ich aber noch etwas. Ich bekomme noch 2 Kapseln, die ich runterschlucken soll. Keine Ahnung, was das war. Hab auch nicht gefragt.

Die Nacht war übrigens ziemlich unruhig ... Nicht von meiner Seite aus, sondern von meinen beiden Zimmergenossen aus. Eigentlich ist ja nur der Mann hier, aber seine Alte hat sich wohl entschlossen, ihrem Liebsten die Händchen zu halten. Wie drollig. Geschlafen haben die also wenig die Nacht. Wollten sich wohl lieber etwas unterhalten. Na ja, wenn man nix Besseres mitten in der Nacht zu tun hat ... Schlafen z. B., so wie ihr Zimmerpartner ... Meine Wenigkeit ... Aber so nett die Alte auch zu Beginn war, Rücksicht wurde nicht genommen.

Ich nutze diese unruhige Nacht um nachzudenken. Über den Tod besonders. Ich muss sagen, dass ich null Angst vor ihm habe! Bisher zumindest … Bisher ist ja auch noch nicht viel passiert … Und wieso sollte ich auch? Mein Knochen wird ja eh nur ›genauer analysiert‹. War bestimmt alles falscher Alarm. Also worüber mach ich mir Gedanken?? Klingt ziemlich cool und lässig alles von mir … Alles nur Augenwischerei. Ich habe Schiss. Nicht vor dem Tod. Nein. Vor der OP. Vor dem, was dann noch eventuell kommen kann.

Mitten in der Nacht musste ich übrigens pissen. Ja, kann ja mal vorkommen. Doch was harmlos klingt, ist in einem Krankenhaus der blanke Horror!! Dafür gibt es Enten. Nicht die, die im Teich schwimmen. Nein. ›Pissenten‹ (so nenn ich die mal). Die Ärzte wollen genau kontrollieren, wie viel du pinkelst und wie viel du abnimmst. Daher sollst du in so ein entenmäßiges Gefäß reinpinkeln. Klingt toll, ist es aber nicht … Ist aber von enormer Wichtigkeit. Meinen zumindest die Ärzte.

Also, um auf den Punkt zu kommen. Ich hab's versucht … In die Ente zu pinkeln. Mit zwei alten Säcken im gleichen Zimmer und dabei pissen ist ziemlich amüsant. Aber nicht für mich. Ich geb's auf und geh aufs Klo. Und auf dem Weg dorthin schwöre ich mir, dass ich niemals in so ein Teil pissen werde! Scheiß auf das Gelaber der Ärzte!

24. 2. 97, 10 Uhr:
Die Vorbereitungen laufen. Meine Eltern sind inzwischen spazieren gegangen und die Schwestern

(diesmal ist sogar eine hübsche dabei) fahren mich mit meinem quietschenden Bett in so ein Vorbereitungszimmer. Da muss ich meine Sachen ablegen und bekomme so einen Kittel angezogen. Sieht ziemlich fesch aus. Vielleicht wird's die Sommermode 97! (Sie wurde es nicht.) Ich bekomme einen Löffel mit Tropfen in die Hand gedrückt, die ich nehmen muss. Sie schmecken abartig. Eine Weile bleib ich da in diesem Raum liegen, bis der Arzt zu mir kommt und erzählt, dass es dann demnächst losgeht und dass sie mir nun was geben, womit ich einschlafe. Betäubung.

Am späten Nachmittag wache ich auf. Meine Mutter steht neben meinem Bett, was ich gar nicht so toll finde. Den Anblick, wie ich da betäubt liege, muss sie ja nun nicht unbedingt sehen. Und außerdem. Wieso ist sie hier? Ich will das nicht. Mein Vater ist wenigstens noch weg. Wieso ist sie nicht mit ihm gegangen? Stattdessen steht die hier nun und guckt mich an und fragt mich, wie's mir geht. Tolle Frage. Du erwachst gerade aus deiner Betäubung, wurdest gerade operiert, und deine Mutter fragt dich, wie's dir geht. Klar. Ist anders gemeint, als ich es jetzt auffasse. Aber trotzdem.

Ich gebe ein mürrisches ›Gut‹ von mir.

Am Abend erfahre ich von den Ärzten, dass die OP gut verlaufen ist und dass sie nun den Knochen genauer untersuchen werden, ›genauer analysieren‹.

Übrigens trage ich nun Gips. Ja, Gips. Sehr bequem … Das ist so ein Ganzbein-Gips. Also muss ich mich nun mit Krücken fortbewegen. Tolle Voraussetzungen für meinen anstehenden Geburtstag, um den ich mir allmählich Sorgen mache. In 7 Tagen hab ich

Geburtstag und ich liege hier im Krankenhaus und wurde gerade operiert. Toll! Ich will meinen Geburtstag nicht hier feiern. Auf keinen Fall. Das sag ich den Ärzten auch noch. Hoffe, das klappt. Mein Vater erwähnte, dass ich hier so 1 bis 1½ Wochen bleiben müsse.

25. 2. 97: Diagnose: Krebs!
Die gestrige Nacht war eigentlich in Ordnung. Durch die OP und das immer noch wirkende Betäubungsmittel wurde ich schnell müde und schlief recht schnell ein. Die beiden Alten in meinem Zimmer sind nun auch raus. Ich glaube, der Mann ist in ein anderes Zimmer verlegt worden. Ist mir aber auch egal. Hauptsache, die beiden sind raus.

Um kurz nach 8 Uhr kam die Schwester in mein Zimmer. Frühstück hat sie gebracht. So nennt man das in Krankenhäusern. ›Frühstück‹. Dieses Mahl besteht aus 2 läppischen, eklig schmeckenden Brötchen, etwas Butter, etwas Aufschnitt und einer Scheibe Käse. Ich esse ein Brötchen mit Butter. Den Rest lass ich stehen.

So gegen kurz nach 11 Uhr kommt der Arzt herein. Fragt, wie's mir geht. Wie mir diese scheiß Fragen auf den Sack gehen! Jeden Tag dieselbe scheiß Frage: »Wie geht's dir?« Was soll man da schon sagen? Wenn ich mit einer Freundin, die ich längere Zeit nicht gesehen habe, spreche und sie dann frage, wie es ihr geht, ist das in Ordnung. Aber im Krankenhaus ist diese Frage überflüssig. Sie nervt einfach! Aber was soll man machen? Ich bin hier ›gefangen‹. Gefangen im Krankenhaus! Und das Schlimme ist ja, dass ich denen hier nicht mal sagen kann, wie mich alles nervt usw. Wie das mit der Frage. Ich mein, ich bin von denen abhängig. Kein Bock, mir was zu verscherzen. Aber trotzdem. Mich nervt's! Ein paar Tage hier und schon die Nase voll!

Er will sich meinen Gips angucken. Als ob sich da was verändert hat. Abgemacht werd ich ihn wohl nicht bekommen.

Er sowie die anderen Ärzte haben schon das Ergebnis. Und die Tatsache, dass meine Eltern schon wieder im Krankenhaus sind, um mit den Ärzten zu sprechen, macht mir klar, was Sache ist. Noch geht der Arzt weg mit den Worten: »Na dann bis nachher.« Aber genau dann kommt er wieder ... Nachher ... Nachher kommt er zu mir ... Wahrscheinlich noch mit ein oder zwei anderen Kollegen. Vielleicht kommen auch meine Eltern mit und sagen mir dann, was los ist. Dass ich nun endgültig Krebs habe!

Ich rufe bei Tobi an. Er weiß nicht, was Sache ist. Ich hab ihm nur gesagt, dass ich im Krankenhaus bin. Den Grund hab ich ihm nicht gesagt. Er wollte ihn zwar wissen, aber erfahren hat er ihn nicht. Wir können nicht lange telefonieren, da die blöde Karte in dem Telefon schon wieder fast leer ist. Hauptsächlich haben wir über meinen Geburtstag geredet. Er und Thomas wollen vorbeikommen. Bei den anderen haben meine Eltern schon abgesagt. Bock auf Feiern ist eh nicht. Ich will, wenn ich ehrlich bin, nicht mal, dass die beiden kommen.

Gegen 14 Uhr kommen meine Eltern zu mir ins Zimmer. Geknickt, wie die ganze letzte Zeit schon. Lachen gequält, aber ihre Gesichter beantworten mir meine ungestellten Fragen. Nun ist es amtlich. Burkhardt Wunderlich hat Krebs!

Kurz nach ihnen kommen zwei Ärzte herein. Sie wollen mit mir reden. Ich bitte meine Eltern hinauszugehen, weil ich sie nicht dabeihaben will. Sie gehen vor die Tür.

Und nun kommt, was ich schon den ganzen Tag wusste. Wusste ich es wirklich nur diesen ganzen Tag? Oder weiß ich es nicht doch schon seit den letzten Tagen? Klar, die Hoffnung war da. Aber mal ehrlich. Meine Einbildung, dass diese beiden Wörter ›genauer analysieren‹ irgendeine Bedeutung in Richtung Hoffnung hätten, war doch Quatsch, oder? Ich weiß es nicht genau. Auf der einen Seite war's mir klar, dass ich Krebs habe und dass jegliche Hoffnung zwecklos ist … Aber man sagt ja nicht umsonst: »Die Hoffnung stirbt zuletzt.« Ich weiß, was mir die beiden Ärzte nun sagen werden. Die Frage ist, wie sie es mir sagen. Sagen sie es gleich im ersten Satz oder reden sie drum herum. Beides kommt natürlich auf dasselbe raus, aber einen Unterschied gibt's da schon. Mir wär es lieber, wenn sie es sofort sagen würden. Ganz einfach: »Burkhardt, es tut mir Leid. Du hast Krebs!« Ist doch nix bei. Na ja, sei es drum. Gleich werd ich's also wissen. Und egal, wie sie's sagen … Die Hoffnung ist gestorben … Und wenn ich den Satz hören werde, wünsche ich mir auch, tot zu sein. Genau wie die Hoffnung.

28. 2. 97

In zwei Tagen ist nun also mein 16. Geburtstag. Freuen tu ich mich allerdings nicht drauf.

Die Ärzte haben mir erlaubt, nach Hause zu gehen. Allerdings erst am 2. 3. Also an meinem Geburtstag. Ich darf aber zu Hause schlafen, wenn ich vorsichtig bin. Wobei? Na, bei allem halt. Beim Laufen, wegen des Gipses. Ich soll mich auch nicht anstrengen. Bettruhe halt. An meinem Geburtstag. Na ja, nun ist es auch egal. Wie gesagt. Auf meinen Geburtstag freu ich mich nicht. Aber auf mein Zuhause. Besonders auf Benny. Und auf Christian. Er hat sich nicht einmal blicken lassen in der Zeit, die ich hier im Krankenhaus war. Wieso, weiß ich nicht. Ob er Angst hat? Will er mich nicht sehen? Hat er keine Zeit? Wär doch kein Problem gewesen, mal mit meinen Eltern mitzufahren, um mich zu besuchen.

2. 3. 97
Mein Geburtstag. Nun bin ich also 16 Jahre alt. Toll. Die Ärzte kommen in mein Zimmer, um mir alles Gute zu wünschen. Und sie wollen mich wohlauf morgen wieder empfangen. Na ja, wer weiß, ob ich so wohlauf wiederkomme. Ist schließlich mein Geburtstag. Ich werd mir erst mal was hinter die Binde kippen und Mädels vögeln. Und ein kleiner Joint hat noch keinem geschadet.

Als ich zu Hause ankomme, freut sich Benny total, mich zu sehen. Das ist immer sehr aufbauend, wenn man vollkommen down nach Hause kommt und Benny sieht, wie er sich freut. Christian ist auch da. Er wünscht mir alles Gute zum Geburtstag und begleitet mich ins Wohnzimmer. Dort stehen auf einem kleinen Tisch gestapelt meine Geschenke. Ich betrachte sie. Es sind viele Geschenke. Ich glaube aber nicht, dass in einem Geschenk die Gesundheit drin ist oder in einem eine Pistole, mit der ich mich erschießen kann.

Leider war keins von beiden drin. Ich hätte mich über eines von beiden gefreut. Beides wär zu was nutze gewesen. Die Gesundheit ... Dann wär ich gesund! Geheilt! Und die Pistole ... Diese hätte ich haben wollen, wenn in keinem anderen Geschenk die Gesundheit drin ist. Die Pistole ist auch zu was nutze. Für mich zumindest. In diesem Augenblick. Ich hätte sie nehmen und mich aus meinem beschissenen Leben rauskatapultieren können. Einfach so!

In ca. 4 Tagen werd ich ins Virchow-Krankenhaus in Berlin-Wedding verlegt. Da geht dann die Chemotherapie los. Hab ich keinen Bock drauf! Absolut nicht! Also, wieso keine Pistole nehmen und mich erschießen? Dann bräuchte ich da nicht hin und diese ganze Scheiße durchstehen! Ich schätz mal, die im Virchow wird das auch nicht jucken, wenn die mich nicht behandeln können. Also, her mit der Knarre!

Okay. Da wären meine Eltern, mein Bruder und vielleicht auch mein Onkel. Das ist meine gesamte Familie. Meine beiden Großeltern von väterlicher Seite habe ich nie kennen gelernt. Meinen Opa von mütterlicher Seite auch nicht. Nur meine Oma. Die Mutter von meiner Mutter. Ich habe sie geliebt. Nicht nur, weil sie meine einzige Oma war. Nein. Sie war super. Mein Onkel ... Der wohnt in Köln. Kümmert sich einen Scheiß um mich. Meine Tante erst recht. Mein Onkel war das letzte Mal zu Besuch, als meine Oma starb. Da war ich 11.

Also?! Wen kümmert's, wenn's mich nicht mehr gibt? Freunde? Bestimmt nicht! Nur meine Eltern ... Die würden auch drüber wegkommen. Scheiße!! Ich hab keinen Bock mehr!! Ich will raus aus meinem Leben!!

Meine Eltern waren diesmal sehr großzügig. Sind sie schon immer, aber diesmal gibt's noch mehr als sonst. Mitleidsgeschenke? Hilflosigkeitsgeschenke? Keine Ahnung. Ist mir in diesem Moment auch egal. Es ist alles bei, was ich mir gewünscht habe. Und noch andere Sachen. Ich bringe ein gequältes Lächeln aus mir raus und bedanke mich bei allen mit einem Kuss.

Meine Mutter ist eine Filmfetischistin. Sie fotografiert alles, was sie vor die Linse bekommt. Und filmen mit ihrer Kamera tut sie auch noch. Doch dieses Mal fotografiert sie nicht. Sie filmt auch nicht.

Gegen 15 Uhr essen wir Kuchen. Das dauert so ca. 'ne Stunde. Gegen kurz nach 16 Uhr kommen dann Tobi und Thomas. Sie schauen entsetzt auf meinen Gips. Aber ich glaube, die finden das irgendwie cool. Na ja, wissen ja auch nicht, warum ich den habe. Thomas ist übrigens auch ein sehr guter Freund von mir. Ich bin froh, dass beide doch noch gekommen sind. Wir spielen in meinem Zimmer Playstation. Wir haben viel Spaß und albern viel rum.

Es wird sich in den nächsten Wochen und Monaten schließlich viel verändern. Ich hoffe, das wird nicht das letzte Mal sein, dass wir zusammensitzen. Ich hoffe es wirklich sehr …

Was Thomas angeht, war meine Hoffnung umsonst. Das war das letzte Mal, dass ich ihn sah. Er hat sich nie mehr bei mir gemeldet. In meiner Klasse gingen Geschichten über mich rum.

Jeder reimte sich was zusammen. Es war klar,

dass ich im Krankenhaus war und in der nächsten Zeit nicht wiederkommen würde. Also hat sich jeder so seine Gedanken gemacht. Was rauskam, weiß ich nicht. Ich hätt's gern gewusst. Auf jeden Fall scheint's so schlimm gewesen zu sein, dass es Thomas abgeschreckt hat, mit mir in Kontakt zu treten.

Wenn's einem schlecht geht, merkt man halt, wer seine wahren Freunde sind. Thomas war keiner.

Meine Schule hieß ›Robert-Bosch-Realschule‹. Ich habe diese Schule verabscheut! Die Klassengemeinschaft war mies. Jeder hatte seine Freunde und gemeinsam wurde wenig gemacht. Ich hab die meiste Zeit mit Tobi, Martin und Thomas verbracht.

Mein Klassenlehrer heißt Herr Hartenstein. Das ist mein Ernst. Er hat jede Chance genutzt, einen fertig zu machen. Selbst alle Eltern haben ihn gehasst.

3.3.97
Ich muss zurück ins Krankenhaus. In 3 Tagen werde ich ins Virchow-Klinikum verlegt. Das Martin-Luther-Krankenhaus hat keine Stationen, auf der man Chemotherapien oder Ähnliches durchführen kann.

6.3.97
Der Tag des ›Umzuges‹. Ich lege alle Sachen, die ich hier in meinem Zimmer habe, auf einen Haufen und stopfe sie in meine Tasche und gebe sie meinen Eltern, damit sie sie mir ins Virchow bringen. Ich werde von einem Krankentransporter abgeholt. Ich kann in meinem Bett liegen bleiben. Es kommen noch mal die Ärzte vorbei, mit denen ich zu tun hatte, um mir alles Gute zu wünschen.

Ich bin froh, dass ich hier raus bin.

Die Fahrt ins Virchow ist sogar einigermaßen angenehm. Der Fahrer des Krankentransportes hat eine Tochter. So 15 oder so müsste die sein. Sieht wirklich niedlich aus. Sie sitzt hinten bei mir mit drin. Neben meinem Bett. Wir unterhalten uns nett.

Das Virchow-Krankenhaus ist gigantisch groß und sieht wunderschön aus. Es hat sogar eine wunderschöne Grünanlage. Sieht alles wie neu aus. Traumhaft. Nicht so wie das alte marode Martin-Luther-Krankenhaus.

›Mittelallee 8, Kinderklinik‹ steht über dem Eingang, vor dem wir halten. Der Fahrer und seine Tochter bringen mich mit dem Fahrstuhl in die vierte Etage. Station 30. Diese Station wird also mein Aufenthalt sein im Jahre 1997 … Außer, wenn ich für kurze Zeit mal nach Hause darf.

Der Weg mit dem Fahrstuhl dauert etwas. Vielleicht kommt es mir auch nur so vor, als hätte es lange gedauert. Ich weiß es nicht.

Etage 4. Gleich beim Fahrstuhlausgang steht ein Schild ›Station 30‹. 2 Türen führen in diese hinein. Draußen hängt ein Schild, dass Tiere und das Rauchen strikt verboten sind und dass Fremde, also Leute, die nicht zur Familie gehören, nicht in diese Station hineindürfen.

Die Station 30 ist eine sehr große Station. Es laufen viele Kinder umher, alle mit einer Art Gestänge, an dem mehrere Flaschen oder Ähnliches hängen. Aus diesen Flaschen kommen lauter kleine Schnüre, die zum Körper des Kindes führen. Durch diese Schnüre läuft die Flüssigkeit der einzelnen Flaschen in die Kinder hinein. Diese Stangen stehen auf so einem ›Fahrgestell‹, das die Kinder mit sich herumführen.

Die meisten Kinder sind noch sehr jung. So zwischen 3 und 7 Jahre oder so. Einen Jungen sehe ich, der so in meinem Alter zu sein scheint.

Die ersten Krankenschwestern und Pfleger kommen schon an, um mich zu begrüßen. Sie sind alle durchweg freundlich und heißen mich willkommen. Sie bringen mich in mein Zimmer. Zimmer 3. Für die nächste Zeit wird dies also mein Zimmer sein … Zimmer 3 … Es ist sehr groß. 2 Betten stehen in diesem Zimmer, ein Telefon (wieder mit Karte) und ein Fernseher, welcher aber ohne Extrabezahlung läuft. Also keine Karte. Dieses Zimmer hat sogar ein eigenes Bad mit Toilette. Mehrere Fenster lassen das Zimmer freundlich wirken. Wie alles hier … Nur wenig später kommen meine Eltern zu mir ins Zimmer. Sie waren aber schon vorher hier und haben sich mit den verschiedenen Ärzten unterhalten.

Wenig später kommt der Oberarzt und zahlreiche andere Ärzte und Krankenschwestern/Pfleger zu mir ins Zimmer. Sie haben sich ausgiebig mit meinem Fall beschäftigt und erklären alles ganz langsam und ausführlich. Was alles passiert, wie alles abläuft, was gemacht werden muss, wie lange es dauern wird, einfach alles.

Als Erstes zeigt der Oberarzt mir einen Zettel, auf dem ein Gerät namens ›Katheter‹ erklärt ist. Ein Katheter ist eine Art Schlauch mit 2 Öffnungen. Dieser Schlauch wird in den Körper hineingetan (operativ) und die beiden Öffnungen hängen draußen am Körper herum. Durch diesen Katheter wird Blut entnommen und durch diesen Katheter fließt die gesamte Chemotherapie. Er muss immer 100 % steril sein, wird mir noch erklärt. Kein Wasser, nix darf ran. Ich hasse dieses Teil jetzt schon. Das war also dieses Teil, mit denen die Kinder draußen rumgelaufen sind.

Des Weiteren wird mir ein Heft à ca. 10 Seiten in die Hand gedrückt, in dem noch mal alles schriftlich steht. Sogar alle TV-Kanäle und Radiosender sind aufgezählt, die man empfangen kann. Kabelfernsehen vorhanden. Ein Glück. Wie sollte ich es hier auch ca. 1 Jahr ohne Kabelfernsehen aushalten? Auf den anderen Blättern stehen alle wichtigen Telefonnummern, die Namen der Schwestern und Pfleger und, o mein Gott, ein Tagesablauf. Ein genau vorgeschriebener Tagesablauf! Dieser Tagesablauf beginnt um 6.15 Uhr in der Früh und endet um 21 Uhr. Und bei 21 Uhr steht ›Bettruhe‹. Bettruhe! Um 21 Uhr! Hinter den anderen Uhrzeiten stehen u.a. ›Aufstehen, Waschen, Frühstücken, Blutdruck-Messung, Untersuchungen, Spritzen, Infusionen, Medikamente und Schulunterricht‹. Wie, Schulunterricht?! Im Krankenhaus?! Ich habe Krebs! Ich will hier nicht mein Wissen aufrechterhalten, indem mich hier Lehrer voll labern! Ich bin hier NUR, um gesund zu werden! Ja, gesund! Scheiße noch mal, ich will gesund werden! Kann man Krebs überhaupt heilen? Ich weiß es, ehrlich gesagt, gar nicht.

Im Fernsehen oder in den Medien allgemein wird ja viel über ›Krebs‹, ›Aids‹ und diese ganzen Krankheiten geredet. Aber immer, wenn ich zufällig sah, dass so was da kommt, hab ich schnell weggezappt. Wen interessiert's? Ich hab kein Krebs, also schau ich mir den Quatsch auch nicht an. Also weiß ich nichts über diese Krankheit. Klar, ich weiß, dass sie schlimm ist und dass viele (alle?) daran sterben, aber so genau weiß ich eigentlich nichts.

Aber das soll sich ändern. Die Ärzte erklären mir und meinen Eltern alles genau. Beginnend damit, was wohl die Krebsheilung ausmacht. Die Chemotherapie. Der Arzt erzählt zuerst, was für die meisten jungen Menschen das Schlimmste sein wird (O Ton Arzt). Nämlich dass die Haare ausfallen werden.

Dies geschieht schon nach dem ersten ›Block‹ Chemotherapie. Geht also recht schnell. Leider.

›Erster Block‹. Es sind sozusagen ›Chemo-Blöcke‹. Ich hab u. a. einen Zettel bekommen, auf dem ›meine‹ Chemotherapie aufgelistet ist. Oder besser aufgemalt.

Ist so eine Art Tabelle. Links ist ein längerer Balken, der in 14 kleine Kästchen eingeteilt ist. Jeweils ein Kästchen ist ein Block. Jeder Block dauert ca. eine Woche. In jedem Kästchen steht ein Buchstabe drin.

Bei mir steht es so:

1. Block: A (Adria(Doxo)rubicin)
2. Block: FREI
3. Block: M (HD-MTX)
4. Block: M (HD-MTX)
5. Block: I P (wobei das ›I‹ über dem ›P‹ steht) (Ifosfamid, Cisplatin)
6. Block: FREI
7. Block: FREI
8. Block: I P (Ifosfamid, Cisplatin)
9. Block: FREI
10. Block: FREI

11. Block: A (Adria(Doxo)rubicin)
12. Block: FREI
13. Block: M (HD-MTX)
14. Block: M (HD-MTX)

Das sind also meine ersten 14 Wochen sozusagen. ›FREI‹ heißt also, dass ich in dieser Zeit zu Hause sein kann. Alle anderen Blöcke, also die ohne FREI, darf ich hier verbringen. Hier in der Station 30. Hier in der Krebsstation.

Diese 14 Wochen verbringt jedes Kind hier in der Station 30. Das ist sozusagen ›Die Vorstufe‹. Im Laufe der Chemotherapie werden die Ärzte dann sehen, wie die Chemotherapie angeschlagen hat, und werden dann entscheiden, wie diese weitergeht. Es gibt noch mal 4 verschiedene Chemotherapien, die an diese 14 Wochen drangehängt werden. Diese 4 heißen zusammen ›Stratifikation‹ und unterscheiden sich in der Stärke der einzelnen Mittel, die einem verabreicht werden. Die erste dieser ›Stratifikation‹ ist die ›Niedrigeres Risiko‹. Sie dauert nur 5 Blöcke an. Alle Kinder in dieser Station, mich inbegriffen, wünschen sich wohl diese. Doch nur die wenigsten kommen in diesen ›Genuss‹.

Die ›2. Stufe‹ heißt ›Standard Risiko – Zweig 1‹. Wie der Name schon sagt, bekommen die meisten von den Kindern diese Stufe. Ich ebenfalls …

Hinter diesen ersten beiden Stufen ist ein langer Strich gezogen. Auf ihm steht ›Randomisation‹. Keine Ahnung, was das heißt. Ich frage auch nicht nach. Die dritte Stufe heißt ›Standard Risiko – Zweig 2‹. Ich schätze mal, dass dieses ›Randomisation‹ nichts Gutes zu bedeuten hat, denn sonst würde es da nicht stehen. ›Zweig 2‹ dürfte auch nichts Gutes bedeuten. Die vierte und letzte Stufe heißt ›Hohes Risiko‹. In den einzelnen Stufen werden verschiedene Mittel verabreicht. Meine Stufe ›Standard Risiko – Zweig 1‹ ist wie folgt aufgeteilt:

Block 15: I P (Ifosfamid, Cisplatin)
Block 16: FREI
Block 17: FREI
Block 18: M (HD-MTX)
Block 19: M (HD-MTX)
Block 20: A (Adria (Doxo)rubicin)
Block 21: FREI
Block 22: M (HD-MTX)
Block 23: M (HD-MTX)
Block 24: I P (Ifosfamid, Cisplatin)
Block 25: FREI
Block 26: FREI
Block 27: M (HD-MTX)
Block 28: M (HD-MTX)
Block 29: A (Adria(Doxo)rubicin)

Das ist nun also meine gesamte Chemotherapie. Klasse. Ab heute weiß ich, welche Buchstaben ich für mein ganzes Leben hassen werde.

Das Mittel ›I P‹ ist übrigens das stärkste von allen, die ich bekommen werde. Vertragen nur sehr wenige ohne Probleme und soll einem gehörig zusetzen. Ich darf es auch noch erleben … Daher bekommt man auch nach jedem ›I P‹ 2 Wochen FREI, um sich von den Strapazen zu erholen und damit der Körper wieder einigermaßen fit ist, wobei das ›einigermaßen‹ hier eigentlich großgeschrieben werden müsste, denn der Körper kann sich nicht erholen. Niemals!

1 Tag später. Ich werde für die bevorstehende ›Katheter-Operation‹ fertig gemacht. Das übliche Gemache vor jeder OP nimmt seinen Lauf.

Der OP-Saal ist 2 Etagen unter der Station 30. Also benutzen wir den Fahrstuhl. Ich darf wieder im Bett liegen bleiben. Ich werde geschoben. Unten angekommen, werde ich in den ›Vorbereitungssaal‹ gefahren. Dort bekomme ich dann auch recht schnell das Mittel, was mich zum Einschlafen bringen soll.

Die OP ging schnell. Erschreckenderweise sehe ich, als ich aufwache, meine Eltern neben meinem Bett stehen. Aber ich sage nichts. Bin auch noch zu schlapp dafür.

Kurze Zeit später, meine Eltern sind hinausgegangen, betrachte ich nun also dieses Ding. ›Katheter‹. Da hängen sie nun. Diese beiden Öffnungen. Sie bestehen aus Plastik. Wie wohl das ganze Monstrum. An meiner linken Halsseite spüre ich, wie der Katheter dort entlangführt. Ich kann ihn fühlen. »Hat mal einer eine Schere? Ich will mir ein Loch in den Hals schneiden und das scheiß Teil rausziehen« waren meine Gedanken.

Die beiden Katheteröffnungen, die nun auf meinem Bauch baumeln, werden nun in so Wattekugeln eingepackt. Das nennt man dann wohl ›steril‹.

1 Tag später.

Es ist kurz nach dem Frühstücken. Die Schwestern kommen mit so einem ›Gefährt‹ an, an dem ein großer durchsichtiger Sack hängt. Proppevoll ist er. 2 Liter sind bestimmt da drin.

An diesem Sack ist unten eine Öffnung, an der eine Schnur steckt. Sie ist lang. Die Schwestern stöpseln meinen Katheter an diese Schnur an. Das ist die Infusion. Muss jedes Mal den Katheter durchfließen (und in den Körper hinein), bevor das eigentliche Chemo-Mittel drankommt.

Davor wurde ich nochmals beraten, was alles passieren könnte. Gerade mein erster Block kann unangenehm werden, da es, wie gesagt, der erste Block ist. Toll. Kann ja heiter werden.

Die Infusion ist fast durch. Ich habe nichts gespürt. Plötzlich ertönt eine grelle Klingel, die zigmal piept. Das ist der ›Weckruf‹ für die Schwestern. Dadurch wissen sie, dass die Infusion durch ist und sie nun das Mittel ›A‹ anhängen können.

Das ganze Abhängen und Anhängen geht recht schnell. Die Schwestern machen das gut. Sie sehen alle sehr hübsch aus. Wirklich hübsch. Und wenn ich ›wirklich hübsch‹ sage, dann meine ich ›einfach geil‹. Aber für solche Gedankenströme habe ich jetzt leider keine Nerven. Ich hoffe, das ändert sich.

›A‹ ist dran. Die Schwestern verabschieden sich mit den Worten, dass meine Eltern nachher vorbeikommen wollen.

Meine Eltern. 16 Jahre lebe ich mit ihnen zusammen. Gleich wollen sie vorbeikommen. Was sie wohl gerade zu Hause machen? Wissen sie, dass in diesem Augenblick ›A‹ angestöpselt wurde? 16 Jahre. Und die letzten Jahre liefen nicht so toll. Es gab immer viel Zoff. Besonders zwischen mir und meiner Mutter. Lag aber auch viel an ihr, möchte ich behaupten. ›Frau geht auf die 50 zu.‹ Aber natürlich auch an mir.

Doch, es lag mehr an mir. Ich ließ mir nicht so gerne was von meinen Eltern sagen und hatte nie wirklich einen guten Draht zu ihnen. Klar, sie sind meine Eltern. Sie lieben mich, ich liebe sie. So muss das ja auch sein. Aber Draht … Draht ist nicht ›Eltern lieben‹. Draht ist etwas anderes.

Wie z. B. mit ihnen sprechen. Das kann ich einfach nicht. Das ist sehr schade, aber wohl nicht zu ändern. Ändern? Wieso nicht? Wieso kann ich mit ihnen nachher, wenn sie mich besuchen kommen, einfach nicht über meine Krankheit reden? Die ganzen letzten Wochen, seit feststand, dass ich Krebs hatte (okay … diese eine winzige Hoffnung bestand ja noch), habe ich nicht ein Mal, nicht ein einziges Mal mit ihnen darüber geredet. Wirklich geredet, meine ich. Sollte ich etwa meinen Eltern an meinem Geburtstag sagen, dass ich tot sein will? Bestimmt nicht.

Über jedem Krankenbett hängt eine Klingel. Die soll man drücken, wenn es was Wichtiges gibt. Und es gibt etwas Wichtiges. Kurze Zeit später kommt eine Schwester in mein Zimmer. Sie sieht mich heulend in meinem Bett. Ich bin zusammengerollt. Mein ganzer Bauch tut mir weh. Und wehtun heißt in diesem Augenblick: wirklich wehtun. Diese Schmerzen kann man einfach nicht definieren. Will ich auch gar nicht. Sie sind da. Das reicht.

Fast Sekunden später kommen meine Eltern. Sie sehen mich genau so, wie mich eben die Schwester sah. Das wollte ich vermeiden.

Die Schwester bringt mir etwas gegen die Schmerzen. Aber sie gehen nicht weg. Mehr kann sie nicht tun, meinte sie.

Toll. Mehr kann sie nicht tun. Ist ja auch egal. Lass

den Jungen da doch abkrüppeln! Soll er Schmerzen haben!

Zum Glück ist meine Mutter anders. Sie versucht wirklich alles, damit es mir besser geht. Sie holt mir meine Wärmflasche aus meiner Tasche, legt mich anders hin, streichelt meinen Bauch und redet mir zu. Und da merke ich, dass ich noch nie so froh darüber war, dass meine Eltern da waren. Hier bei mir. Doch auch das sollte sich ändern …

2 Wochen später.
Die Woche Pause tat gut. Sehr gut sogar. Der erste Block hat geschlaucht. Und wie. An allem hat er geschlaucht. Mein Körper ist geschlaucht. Meine Psyche. Einfach alles.

Meine Haare sind übrigens noch dran. Na ja, nicht alle, aber viele.

So Ende der ersten Woche, also da, als der erste Block zu Ende ging, fingen meine Haare schon an, sich selbständig zu machen. Das passiert einfach so. Ich hab da nicht dran rumgerissen oder so. Nichts dergleichen. Sie fallen einfach ab. Das ist ein schreckliches Gefühl. Du kannst in deine Haare fassen und hältst einen Haufen derer in der Hand. Oder du wälzt dich etwas zur Seite und siehst, wie auf einmal deine Haare auf den Boden fallen. Und du hast nichts gemacht.

Am gleichen Tag kam noch die Putzfrau rein.

Die kommen jeden Tag. Muss ja alles steril und sauber sein … Das nervt echt. Sie hatte einen großen Besen genommen und meine sich auf dem Boden befindenden Haare zusammengefegt und sie auf eine Schaufel geschoben. Und dann hat sie sie in einen blauen Sack geschmissen. Da gehen sie nun also hin. Meine Haare. MEINE Haare! Von so einer blöden Putze weggeputzt! Einfach so! Weg! »Hey du! Lass gefälligst meine Haare hier! Das sind meine!« Aber ich glaub nicht, dass sie's gemacht hätte, wenn ich's ihr gesagt hätte.

Da ich aber eine sehr volle Haarpracht genieße, sieht man nur an manchen Stellen, dass ich Haare verloren habe. Und wenn man gern Baseballkappen trägt, kann man diese Stellen auch wunderbar verbergen. Diese Baseballkappen sollten noch zu meinem ›am häufigsten getragenen Kleidungsstück‹ werden.

Mitte der Woche, als ich frei hatte, kam ich zum Frühstücken herunter und bat meinen Vater, meine Haare abzurasieren. Wir haben so einen Haarrasierer. Damit geht das ganz gut. Schnell ging's auch. Und soooo schlecht sah es nicht mal aus, muss ich gestehen. Ich mein, diese blöde Bundeswehrfrisur ist doch grad trendy, oder etwa nicht? Na also!

Wie es dazu kam, dass ich meine Haare plötzlich abrasiert haben wollte? Na ja, ganz einfach. Jetzt sind sie ab! Von meinem Vater abrasiert! Nun kann ich sagen: »Ha! MEINE Haare sind trotz der Chemotherapie nicht abgefallen! Nein! Sie wurden abrasiert! Von meinem Vater!« Da hab ich doch den anderen hier gegenüber was voraus, oder etwa nicht? Okay, okay. Klingt vielleicht blöd. Ist aber wirklich so. Es war einfach ein grausames Gefühl, meine eigenen Haare Tag für Tag schwinden sehen zu müssen. Und dann auch noch mit ansehen zu müssen, wie sie in einen blauen Sack geschmissen werden. Nein, darauf hatte ich keine Lust.

Heute ist der dritte Block dran. Also das zweite Mittel. ›HD-MTX‹ heißt es. Mir wurde vorher gesagt, dass das so eine orange-gelbe Flüssigkeit ist. Sie soll aber ›harmlos‹ sein. In meinen 29 Wochen bekomm ich dieses ›HD-MTX‹ auch ziemlich oft. Leider, wird sich in den nächsten Tagen herausstellen.

Bevor ich die Infusion bekomme, wird mir mal wieder, wie jeden Tag, Blut abgenommen. Dies geschieht, wie immer, durch meinen Katheter. Ein toller Anblick. Mein Blut ist sogar etwas dunkler. Also nicht mal so ein richtig knallendes Rot. Halt etwas dunkler. Eklig find ich den Anblick nicht. Blut oder auch Spritzen haben mich noch nie gestört. Wird zwar lästig, wenn man da jeden Tag sein Blut schwinden sieht, aber so ist das hier halt. So ist das halt im Krankenhaus. So ist das halt während der Chemotherapie.

Die Schwestern meinen, dass sie mich noch nie draußen gesehen haben. Draußen, jetzt also vor meiner Zimmertür. Die anderen Kinder sind auch immer draußen. Spielen usw., erzählt sie mir. »Wie schön für sie«, denk ich nur. Ich mein, was soll ich da draußen? Keine Lust, hier rumzuspielen. Ich bin ja nicht hier, um rumzuspielen. Langweilig ist mir nicht (noch nicht). Ich habe hier den Fernseher. Mein derzeit bester Freund.

Tobi hat sich übrigens mal wieder gemeldet. Er will demnächst vorbeikommen. ›Demnächst‹. Meine Mutter wird ihm sagen, dass ich verreist bin.

Wegen der ›Enten‹ (ja, die zum Reinpissen) hält die Schwester mir noch einen Vortrag. Gerade während der Chemotherapie ist es sehr wichtig, dort hineinzupinkeln.

Denn das ganze Zeug, was man in den Körper bekommt, muss wieder raus! Tolle Logik. Wieso bekomm ich das dann überhaupt alles? Und raus geht alles nur durchs Pinkeln. Und ich solle viel pinkeln. Viel trinken. Und alles schön da reinmachen. Ich erzähle ihr, dass ich's letztens versucht habe. Es klappte auch, aber es ist einfach abartig! Das können die vielleicht mit den 5-Jährigen machen, aber nicht mit mir! Ich stell mich da doch nicht hin, pisse in dieses Teil, sehe, wie die Schwestern reinkommen, sich freuen, dass ich da reingemacht habe, und gehen, um meine Pisse wegzutragen. Das ist doch ekelhaft! Nicht mit mir. Das sage ich ihr auch. Sie hat versprochen, mal mit den Ärzten bei der täglichen Visite darüber zu reden.

Dies tat sie dann erfreulicherweise auch. Und siehe da. Herr Wunderlich hat seinen ersten Punktgewinn gegenüber den weißen Kitteln verbucht. Er darf aufs Klo gehen! Braucht nicht mehr in diese ›Enten‹ zu machen. Wäre natürlich besser … Und wenn ich doch mal wolle … Niemals!

Aber ich muss nun jeden Tag gewogen werden, um zu sehen, wie viel ich zunehme, während ich dieses chemische Zeug in meinen Körper bekomme, und wie viel ich abnehme, nachdem dieses chemische Zeug durch ist. Und je nachdem, wie viel ich abnehme, so viel hab ich dann gepinkelt. Ist doch logisch, oder?

Diese Abmachung find ich Klasse und fühle Stolz in mir … Hey. Diese Enten-Regel gibt's bestimmt schon seit 20 Jahren. Und jeder hat sich dieser Regel gebeugt und hat da reingemacht. Und jetzt endlich hat sich dagegen einer gewehrt. Und dieser Jemand bin ich.

Das ›HD-MTX‹ vertrage ich nicht besonders. Um es genauer auszudrücken: überhaupt nicht. Ich erbreche ständig, habe Kopfschmerzen, und mir geht es einfach beschissen. Und dieses Unwohlsein hält an. Und das ›HD-MTX‹ ist gerade mal 3 Tage am Laufen. Also noch 11 Tage vor mir.

Dieses ›HD-MTX‹ befindet sich in einer Flasche. Eine Flasche bekommt man am Tag. Vor jeder Flasche muss ein Beutel Infusion in meinen Körper hineinlaufen. Genau wie nach jeder Flasche.

An jedem Tag eine Flasche. Also 14 Flaschen. Noch 11 vor mir. Ich fange an zu heulen. Ich heule ziemlich oft in letzter Zeit. Nur für mich. Wenn die Schwester oder ein Arzt in mein Zimmer kommt, merken sie nie, dass ich geheult habe. Das soll auch so sein. Ich habe keine Lust auf Mitleid. Von niemandem! Auch nicht von meinen Eltern! Von denen erst recht nicht!

Ich habe mich ziemlich verändert in den letzten 3 Wochen, die ich hier bin. Zum Schlechteren, möchte ich sagen. Ich heule oft, ich will ständig tot sein, ich rede nicht viel mit den Ärzten und gebe nur kurze, knappe Antworten. Zu meinen Eltern bin ich nicht nett. Ziemlich mies sogar. Unfair. Ich mache sie nur noch an, weil sie ständig kommen. Ich will nicht, dass sie mich ständig besuchen. Anrufen reicht. Selbst das wär zu viel. Sie sollen mich hier nicht so sehen, niemand soll mich hier so sehen. Ihr blöder trauriger Blick, wenn sie mich besuchen kommen. Ich hasse ihn! Ich hasse alles!

Im Laufe der nächsten Woche kommt mich mein Bruder besuchen. Er bringt mir was von McDonald's mit, was zu lesen und 2 Tapes, die er mir aufgenommen hat. Deutscher Hip-Hop und Dub ist da drauf. Er bleibt eine Weile. Erzählt so, was los ist, dass Claudia und Reinhard total fertig mit den Nerven sind, dass sie nun in getrennten Betten schlafen, weil keiner von beiden schlafen kann, und sie sich gegenseitig auch nur noch anmachen. Sie werden mit der Situation nicht fertig.

Bei meinem Bruder klingt alles, was er sagt, ›normal‹. Einfach ›normal‹. Da klingt nichts nach Mitleid. Es hört sich sogar so an, als ob es ihn hier alles wenig angeht. Er fragt nur kurz mal nach, was in dieser orange-gelben Flasche drin ist. Mehr dann aber auch nicht. Wär er nicht mein Bruder, würd ich wirklich denken, dass es ihm am Arsch vorbeigeht.

Aber am allerkomischsten daran ist, dass ich es gut so finde. Ja, ehrlich. Ich finde es gut, dass er sich einfach um seine Sachen kümmert und hier nicht den großen mitleidigen Bruder raushängen lässt. Er redet mit mir nicht, als sei ich hier im Krankenhaus und hätte eine Todeskrankheit. Nein, er redet mit mir, als säßen wir zu Hause und alles wäre in Ordnung.

Nach ca. 1 Stunde muss er wieder los. Da ich ziemlich erschöpft und müde bin, ist es in Ordnung, dass er geht. Er reicht mir die Hand und verabschiedet sich mit den Worten ›Mach das Beste draus‹.

Der fünfte Block beginnt.
Das ›HD-MTX‹ ist durch. An meinem Unwohlsein hat sich nicht viel verändert in den letzten Tagen. Es tat weiterhin Tag für Tag weh. Es war die reinste Hölle.

Und heute nun ist der erste Tag gekommen, an dem ich das ›I P‹ bekomme. Das ›härteste‹ Mittel, welches ich während meiner Chemotherapie bekomme. Super Voraussetzungen also. Ich hatte nicht mal eine Woche frei nach meinen beiden ›HD-MTX‹-Blöcken. Nein. Sofort ging es weiter. Hart weiter.

Ich war gestern übrigens, trotz meines Unwohlseins, mal draußen im Gang. Die Kinder spielen alle mit sämtlichen Spielsachen, die auf dem Boden verstreut liegen. Man könnte meinen, alle seien gesund. Es sind alles sehr kleine Kinder. Ich wäre auch lieber ein kleines Kind. Also lieber ein kleines Kind, das Krebs hat, als ein 16-jähriges Kind, das Krebs hat. Die kleinen Kinder können dieses Wort ›Krebs‹, glaub ich, noch nicht so richtig einschätzen. Sie wissen nicht, dass sie todkrank sind. Sie haben zwar Schmerzen wie alle anderen auch, aber sie wissen nicht, warum. Ihre Mütter (Die Väter halten sich komischerweise eher seltener oder überhaupt nicht in dieser Station auf. Wahrscheinlich nicht mal im Krankenhaus. Welcher Vater will schon ein krebskrankes Kind haben? Haben wahrscheinlich Probleme genug. Da stört so ein krankes Kind nur.) sind den ganzen Tag hier in der Station. Die Zeit, die ihre Kinder hier sind, leben sie auch hier. Sie essen hier, sie verbringen den Tag hier, sie schlafen hier.

Die Schwestern waren sehr erfreut, mich mal draußen zu sehen. Ein junger Mann leistet hier wohl grad seinen Zivildienst. Ist so 19 oder so. Eigentlich ganz nett. Bringt mir auch oft mein Essen, um es nach 1 Minute wieder wegzutragen. Bietet mir immer an, mal was mit mir zu spielen. Er ist wohl froh, dass endlich mal ein Älterer hier ist. Nicht nur so kleine Kinder. Bisher habe ich aber immer abgelehnt. Ich habe ihn genauso unfreundlich behandelt wie alle anderen hier auch. Wie die Ärzte. Wie die Schwestern. Wie meine Eltern. Nur meinen Bruder nicht.

Aber ich habe schließlich Krebs! Soll ich hier nun einen auf Gute-Laune-Typ machen und fröhlich rumspielen? Darauf hab ich einfach keinen Bock! Ich habe Krebs, also passe ich mich diesem Krebs an! Ich verbreite eine Stimmung wie auf dem Friedhof.

Das ›I P‹ setzt mir ordentlich zu. Fast noch schlimmer als das ›HD-MTX‹. Schon der Name ... Platin ... Nun fließt also Platin in meinen Körper. Tolle Vorstellung. Ich bekomme die üblichen Brechanfälle, bekomme auch noch Durchfall und weine so in mich hinein. In dieser Woche verlasse ich nicht einmal mein Bett. Es sei denn, die Schwestern wollen mein Bett machen.

Am Mittwoch habe ich endgültig die Schnauze voll. Ich habe so ein rotes Schweizer Taschenmesser. So eines, wie es jeder schon mal gesehen hat. Der Tag unterscheidet sich nicht im Geringsten von den anderen. Scheiße halt! Ich gehe ins Bad und stelle mich vor den Spiegel und gucke meinen Körper an. Ich ziehe mein T-Shirt hoch und male mit dem Taschenmesser (die kleine Klinge) auf meinem Arm und meinem Bauch rum. Knapp unter dem Katheter steche ich etwas zu. Allerdings nur lasch. Trotzdem blutet es. Dasselbe mache ich an meinem Arm.

Ich habe keinen Bock mehr! Ich will einfach nur noch sterben! Das bringt hier alles nichts! Diese ganze scheiß Chemotherapie! Jeden scheiß Tag habe ich

Schmerzen! Ich durchlebe hier die Hölle! Die reinste Hölle! Also, warum nicht umbringen? Auch wenn ich in die Hölle kommen sollte, was mir immer vorhergesagt wurde (zum Nikolaus habe ich jedes Jahr immer eine Rute bekommen), kann sie nicht schlimmer sein als die Hölle, die ich hier gerade durchlebe.

Also, nenn mir mal einen Grund, warum ich weiterleben sollte! Einen abgefuckten Grund!

Letzter Tag des ›I P‹-Blockes: Die letzten paar Tropfen des ›I P‹-Blockes laufen gerade in meinen Körper. Meine Eltern kommen zur Tür herein. Ich bitte sie, noch die letzten Minuten draußen zu warten.

Die Schwestern kommen in mein Zimmer, warten mit mir zusammen die letzten Tropfen ab und stöpseln mich dann ab. Die Katheter werden mit Wasserstoff und Kochsalz durchspült, damit sie sauber sind und sauber bleiben. Anschließend werden sie wieder in so Watteteile eingewickelt. Als Letztes muss ich mich noch auf die Waage stellen.

2 Kilo zugenommen. Im Vergleich zu gestern! Nun wieg ich knapp über 70. Bevor die Chemotherapie begann, wog ich 61.

Vor dem ersten Block wurde mir von den Ärzten mitgeteilt, dass man durch die ganze Chemotherapie, durch die daraus resultierenden Schmerzen etc. den Appetit verlieren kann und wenig Hunger hat. Dies würde bedeuten, dass man abnimmt.

Bei mir ist es anders. (Hey, ich bin anders!) Ich habe gerade durch die ganze Chemotherapie sehr großen Hunger bekommen. Da das Essen hier im Krankenhaus abartig schmeckt (aussehen tut es noch ekliger), lasse ich mir von meinem Vater fast jeden Tag etwas bringen. Meistens ist es etwas von McDo oder aus verschiedenen Restaurants. Oder meine Mutter kocht etwas für mich. Wenn mein Vater mal keine Zeit hat, mir etwas zu bringen, bestelle ich mir selber etwas. Vom Griechen oder eine Pizza.

Und so kommt es, dass ich sehr viel zunehme. Die Ärzte wundern sich auch etwas darüber, aber freuen sich auch. Wenn man isst, soll das ein gutes Zeichen sein. Sagen die zumindest.

Wieso habe ich so einen großen Hunger? Kommt es wirklich nur wegen den ganzen Strapazen? Teils, teils, möchte ich sagen. Hauptsächlich liegt es daran, dass ich mich, wenn ich esse, gut fühle. Wohl, möchte ich fast sagen. Wenn ich esse, verdränge ich die ganzen Schmerzen, die ich habe. Ja, sogar fast alles um mich herum. Das war früher nicht so. Ganz und gar nicht. Doch jetzt ist es so.

Leider verteilt sich das Fett bei mir immer sehr seltsam. Nicht auf den Bauch. Nein. Sondern auf den Hintern und aufs Gesicht. Besonders das Gesicht sieht nun schrecklich aus. Durch das ›HD-MTX‹ habe ich schrecklich aussehende Augen bekommen. Die Augenwimpern sind fast alle raus, und die Augen selber sehen sehr dunkel aus. Sie kleben oft auch zusammen. Besonders wenn ich morgens aufwache. Dann muss ich sie immer mit zwei Fingern aufmachen. Das tut dann zusätzlich noch weh. Die Ärzte geben mir nun immer Augentropfen, damit meine Augen nasser werden. Geholfen hat es bisher nicht. Jeder kann sich nun ein kleines Bild von mir machen. Ein Junge, der Krebs hat, der einen fetten Arsch, ein fettes Gesicht hat und eine Glatze. Wenn ich meinen Kopf etwas nach unten tue, quillt das Fett vor. Sieht beschissen aus.

Mein Vater wartet draußen vor der Tür, um meine Tasche zu tragen. Er geht den Gang entlang und ich trabe ihm mit meinen beiden Krücken, die ich immer noch benutzen muss (allerdings ist der Gips schon länger ab. Er wurde in der ersten Woche, die ich hier bin, abgemacht), hinterher. Diese scheiß Krücken. Kein Bock mehr auf diese Teile. Ich hoffe, ich muss sie nicht mehr allzu lange tragen. Ich habe die Ärzte noch nicht gefragt. Ich werd es demnächst mal tun. Die Krücken muss ich benutzen, weil mein Bein immer noch nicht belastet werden darf. Ist noch von dem Eingriff im Martin-Luther-Krankenhaus zu geschwächt. Und die Chemotherapie dient ja nun auch nicht gerade dazu, dass sich mein Bein oder, besser gesagt, mein Knie schneller erholt.

Beginn von Block 11.
In den letzten Wochen hat sich nichts geändert. Ich durfte ja 2 Wochen nach Hause. Viel zur Erholung trug das aber auch nicht bei. Im Endeffekt ist es mir eigentlich egal, ob ich nun für das ganze Jahr dableiben muss und gar nicht mehr nach Hause darf.

Zu Hause ist es genauso wie im Krankenhaus. Ich liege auch nur im Bett, gucke fern, spiele Playstation oder gehe ins Internet. Das Internet haben meine Eltern extra für mich einrichten lassen. Ohne mein Wissen. Ich kam nach Hause und konnte ins Internet. Das Internet ist wirklich Klasse. Ich chatte dort oft. Du kannst Leute kennen lernen, die nichts von dir wissen. Du kannst denen irgendwas erzählen.

Die wissen nicht, wie es in dir drin aussieht. Wie dreckig es dir geht …

Ich erzähle natürlich keinem im Internet, dass ich Krebs habe. Ich will ja Leute ›kennen lernen‹ und nicht verschrecken.

Ja, sonst gibt's eigentlich keinen großen Unterschied zwischen meinem Krankenhaus-Dasein und meinem Zu-Hause-Dasein. Das, was ich hier esse, bekomme ich auch immer ins Krankenhaus gebracht. Also ist nicht mal das anders.

Aber hier ist Benny. Mein Hund. Ich liebe ihn über alles. Er kann einem auch an einem beschissenen Tag (und das waren die letzten Wochen alle) immer ein Lachen ins Gesicht zaubern. Er freut sich immer so, wenn ich nach Hause komme, und guckt immer traurig, wenn ich wieder mit meiner Tasche weggehe. Er merkt ganz genau, dass ich für die nächsten Tage nicht mehr nach Hause komme.

Aber auch er würde mich vergessen. So wie alle anderen. Noch guckt er traurig, wenn ich gehe. Aber wenn ich dann nach 4 bis 5 Wochen nicht mehr wiederkäme … Dann hätte er mich bestimmt auch schon vergessen. Wie die anderen auch. Meine Familie da nun ausgeschlossen. Keiner sonst würde an mich denken und mich vermissen. Niemand!

Der achte Block war wieder schrecklich. Wieso sag ich das überhaupt immer? ›Schrecklich‹. Ist doch klar. Aber es war wieder mal schrecklicher als schrecklich.

Immer dasselbe. Jeden Tag. Immer um dieselbe Uhrzeit kommen die Schwestern und Ärzte zu mir ins Zimmer und machen Untersuchungen. Ständig wollen sie mir Blut abnehmen. Ständig kommen sie mit neuen Infusionen an. Ständig erzählen sie mir irgendeinen Kram. Aber verstehen tut das alles keiner außer sie selbst. »Wie steht's mit mir, verdammt?? Lohnt es sich noch weiterzuleben oder sterb ich eh in ein paar Monaten? Sagt's mir bitte! Denn wenn ich eh sterbe, kann ich auch jetzt sterben! Dann brauch ich diesen ganzen Kram hier nicht mehr ertragen!«

Doch auch wenn ich es fragen würde, würden sie mir niemals die Wahrheit sagen. Wenn sie wüssten, dass ich morgen sterben müsste, würden sie es mir nicht sagen. Vielleicht meinen Eltern. Aber nicht mir. Und das schwirrt alles in meinem Hinterkopf. Dass ich morgen vielleicht sterbe. Dass sie es alle wissen, nur ich nicht.

Und schon geht das Heulen wieder los. Ich will nicht ständig heulen! Ich will damit aufhören! Aber mein Schmerz ist zu groß, so dass ich die Tränen nicht stoppen kann.

Nun folgt also Block 11. ›Adria(Doxo)rubicin‹.
Was soll das sein? Geht's bitte auf Deutsch? Was wird mir da als Nächstes eingetrichtert? Das Zeug war mein ›erster Block‹. Mein allererster Block während der Chemotherapie. Damals hatte ich höllische Schmerzen. Sie waren nicht zum Aushalten.

Diesmal vertrage ich dieses Mittel überraschend gut. Das wundert sogar die Ärzte. Aber diesmal vertrage ich es. Keine Schmerzen. Zum ersten Mal seit diesen 5 Blöcken (die freien Blöcke nicht inbegriffen) habe ich während der Therapie keine Schmerzen. Keine Schmerzen! Nicht im Geringsten Schmerzen!

Außer den psychischen …

Ein Mann kommt in mein Zimmer. Er ist sehr groß, trägt eine graue Hose und einen grauen Pulli. Er hat leicht graues Haar und eine Brille auf. »Hallo. Ich bin Bernd Hofer. Ich unterrichte Mathematik. Ich würde gerne ein bisschen mit dir lernen. Wie geht es dir?«

Die Frage habe ich lange nicht mehr gehört. Das letzte Mal hörte ich sie … Ach ja … Vor einer Stunde. Die Ärzte fragten mich.

Ein Lehrer … Der Plan, den ich ganz zu Anfang bekam, stimmte sogar. Lehrer … Schule … Unterricht … lernen … Weichenstein … Alle 5 Wörter hasse ich. Ich erzähle ihm, dass es mir dreckig ginge und ich heute keine Nerven dazu habe, Mathe zu üben. Er verstand das und meinte, dass er die Tage wiederkäme.

Mir ging es natürlich nicht dreckig, aber als ob ich freiwillig Mathe übe. Dass ich nicht lache. Niemals!

Einen Tag später, zur selben Zeit, übte ich Mathe. Mit genau diesem Herrn Hofer. Er kam wie gestern rein, spulte seinen ›Wie geht es dir heute?‹-Satz ab und wollte wissen, ob ich denn heute ein bisschen lernen wolle. Und das wollte ich. Unglaublich, aber ich wollte es. Ich wollte lernen.

Aber freiwillig war es nicht. Denn die Schwestern kamen gestern an und wollten mich pflegen und mich bemuttern … Natürlich alles mit einem ironischen Lachen. Denn sie wussten, dass es mir nicht dreckig ging und dass ich es nur zu dem Lehrer meinte, damit er abhaute. Na ja, und heute habe ich keine Lust auf diese Schwestern … Also lernte ich … Aber wirklich nur darum … Nicht etwa, weil ich Lust hatte … nein.

Er war nicht der einzige Lehrer auf dieser Station.

Es gab noch eine Deutschlehrerin. Frau Heller hieß sie. Sie war dick und hatte kurze braune Haare. War aber wirklich nett. Bei ihrem ersten Besuch spulte ich dasselbe wie bei Herrn Hofer ab. Doch bei ihm spulte ich es nur einmal ab. Bei Frau Heller spulte ich es jedes Mal ab, wenn sie kam. Denn Deutsch ... Dazu bringt mich wirklich keiner ... Nicht hier im Krankenhaus ... Niemals!

Aber auch dieser Glaube, dass ich es niemals tun werde, hielt nicht lange. Nein. Diesmal kamen erneut Schwestern. Diesmal sogar zwei, und sie waren nicht mehr so nett drauf wie bei Herrn Hofers Ausrede. Diesmal laberten sie mich zu, dass ich doch lernen solle, damit ich nicht alles vergessen würde.

Ich ließ mich breitschlagen und hab dann mal mit ihr gelernt. Eine Stunde geht das immer. Zu meinem Entsetzen unterrichtete die auch Englisch. Toll, was? Der Unterricht fand auf meinem Bett statt. Wenigstens etwas. Deutsch und Englisch waren ätzend. Wir nahmen irgendein altes Zeug durch. Wie in Mathe. Aber bei Mathe muss man wenigstens rechnen. Aber in Deutsch oder Englisch? Wie z. B. in Englisch. Da gibt die mir einen englischen Text. Ich möge ihn doch bitte vorlesen und dann übersetzen. Klasse. Beides war nun nicht grad meine Stärke. In der Schule meinte meine Englischlehrerin, dass ich schwach Englisch vorlese und vom Übersetzen genauso wenig Ahnung habe wie sie vom Fußball. Na ja, ist doch immer gut, wenn sich Frauen für Fußball interessieren, oder?

Nun ja. Ich las also vor. Und am Ende lobte mich diese dicke Frau Heller. Und wie. Ich lese ja so toll vor. Aaaaja. Und dann das Übersetzen. Ich übersetzte schwach. Das wusste ich. Aber sie fand's super. Na ja, da wären wir wieder bei der Ehrlichkeit in Krankenhäusern. Bloß nichts Kränkendes sagen. Der Junge ist schon krank genug! Der hat doch Krebs! Nun kränken sie den nicht noch extra.

Die Woche, als ich das ›Adria(Doxo)rubicin‹ bekam, war sehr angenehm. Ja, das geht sogar auch in Krankenhäusern. Ich ging oft raus und setzte mich da an einen Tisch, las, spielte mit dem Zivi Karten und aß dort sogar den Küchenfraß. Es gab Spaghetti. Was wohl der einzige Grund dafür war, dass ich es aß.

Der Raum, in den man rausgehen kann, ist eigentlich kein richtiger ›Raum‹. Man könnte es ›Flur‹ nennen. Und er ist riesengroß. Dort gibt es Tische und Stühle, Bänke und lauter Spielsachen. Für Jugendliche in meinem Alter zwar weniger etwas, aber es wurde von Tag zu Tag angenehmer, dort zu sitzen. Denn jeden Tag nur im Bett zu liegen wurde auf die Dauer doch zu langweilig. Im Flur ist die Luft auch wesentlich besser.

An diesem Tag kam auch mein Bruder wieder. Als er auftauchte, ging er schnurstracks in mein Zimmer und übersah mich, wie ich draußen saß. Als ich ihn rief, war er sehr verwundert, mich draußen zu sehen. Er brachte mir noch mal Mittagessen mit. Diesmal eine Pizza. Und auch die aß ich. Mein Gewicht betrug bereits 74. Und man sah es mir immer mehr an. Er brachte mir den ›Kicker‹ mit. Ein Fußballmagazin. Er erzählte, was es Neues zu Hause gab, dass Claudia ein neues Pflegekind hat, dass meine Eltern wieder gut miteinander können, jedoch immer noch in getrennten Betten schlafen.

Viel Neues ist nicht passiert. War ja auch letztens erst 2 Wochen zu Hause.

Ich habe ein relativ gutes Verhältnis mit meinem Bruder. Nicht das allerbeste, aber ein gutes. Ein sehr gutes. Wir sagen uns z. B. nicht, dass wir uns mögen (wir sagen eher das Gegenteil), oder umarmen uns nicht, wenn wir uns sehen. Nein, wir haben ein normales Bruderverhältnis. Wir verstehen uns einfach super. Die ständigen Bruderreibereien mal ausgeschlossen.

2 Tage später war auch dieser Block zu Ende. Mein Vater holte mich, wie immer, mit dem Auto ab. Wir fuhren auf dem Heimweg noch bei ›Mayer‹ vorbei. Einem Lebensmittelladen. Und das erste Mal ging ich mit hinein.

In dieser ganzen Zeit bin ich nie in die ›Öffentlichkeit‹ gegangen. Ich blieb immer zu Hause und ging nie weg. Dafür fehlte mir das Selbstbewusstsein, mich so, wie ich derzeit aussehe, zu zeigen.

Bei Mayer guckten mich sehr viele Leute an, aber das war mir in diesem Augenblick scheißegal. Eine Frau gaffte besonders. Das war an der Wursttheke. Ich ging zu ihr hin und stellte mich genau vor sie. Ich meinte dann, dass sie nun besser gaffen könnte, weil ich ja nun dichter vor ihr stehe. Ihr war es merklich unangenehm und sie verließ schnell die Wursttheke, ohne etwas zu kaufen (obwohl sie angestanden hatte).

Wir fuhren an Tobis Haus vorbei, bevor wir in unsere Straße einbogen. Ich habe mit Tobi schon länger keinen Kontakt mehr. In den ersten Wochen, als meine Chemotherapie in Gang war, haben wir uns trotzdem noch getroffen. Er kam zu mir und ich ging zu ihm. Oft kam auch noch Martin vorbei. Beide gingen sehr gut mit der Situation um. Beide wollten wissen, was los sei. Aber ich sagte es ihnen nicht. Aber sie haben es sich wohl denken können.

Irgendwann meldete er sich nicht mehr bei mir. Ich meldete mich nicht mehr bei ihm. Und so kam es dann halt. Wir trafen uns nicht mehr. Und dies sollte auch so bleiben …

Ende meines 14-wöchigen Blockes.

Ich bin sehr mitgenommen. Die letzten beiden ›HD-MTX‹-Blöcke sind beendet und ich bin am Ende meiner Kräfte. Ich kann nicht mehr. Bin leer und seelisch kaputt. Die beiden ›HD-MTX‹-Blöcke waren wie die ersten beiden. Schlimm. Sehr schlimm. Ich vertrage dieses Zeug nicht.

Ich habe erneut zugenommen und wiege nun schon 77 kg. Und es ist kein Ende in Sicht. In der Zwischenzeit habe ich so merkwürdige Streifen an Armen und Beinen bekommen. Die Ärzte sagen, es seien ›Schwangerschaftsstreifen‹. Man bekommt sie, wenn man erst normal dünn ist und in einem sehr kurzen Zeitraum sehr viel zunimmt. Wie die schwangeren Frauen z. B. Und so auch bei mir. Ich bekam sie in der Höhe der Achseln auf beiden Armen, und sie gehen bis etwas runter. Bis zu der Stelle, wo ein kurzärmliges T-Shirt aufhört. Also gut zu verstecken, diese Streifen. An den Beinen bekam ich sie in dem Bereich der Kniekehlen. Sie ziehen sich weiter nach unten. Nicht sehr weit, aber weit genug, um mich anzuwidern. Sie werden nicht weggehen, meinen die Ärzte. Man kann sie nur etwas verhüllen.

Nun bin ich also fertig. Fertig mit den Nerven. Fertig mit den ersten 14 Blöcken. Geschafft, könnt ich nun erfreut losschreiben.

Ich habe es hinter mir!

Die scheiß Chemo ist vorbei!

Ich bin geheilt!

Nur leider folgen noch 15 weitere Blöcke. 15. Sogar einer mehr als beim letzten Mal.

Die Ärzte waren während meiner Therapie zu dem Entschluss gekommen, dass ich die Therapie ›Standard Risiko – Zweig 1‹ bekommen sollte. Also sozusagen eine ›mittlere‹. Nicht die ›beste‹ Therapie und nicht die ›schlimmste‹. Die ›Standard‹ halt. Also nicht erfreulich und nicht schlecht. Aber auch aussagelos.

Was ist es nun?

Gut oder schlecht?

Mittel?

Na, was denn?

Wie sieht es aus?

Hat der Krebs sich verschlimmert oder ist er zurückgegangen?

Wie hat mein Körper auf die 14 Blöcke reagiert?

Na wie???

Sagt es mir endlich!

Sie sagten es mir nicht. Sie sagten es meinen Eltern. Aber nicht mir. Und meine Eltern sagten es mir auch nicht. Meine eigenen Eltern sagen mir nicht, wie es um mich steht. Fuck! Mir, ihrem eigenen Sohn! Der, der hier alles durchstehen muss! Dem wird nicht gesagt, wie es um ihn steht. Alle wissen es, nur ICH nicht!

Der erste Block begann so, wie die letzten beiden ›M-Blöcke‹ anfingen und aufhörten. Grausam. ›Ifosfamid und Cisplatin‹. Ich stehe das hier nicht durch. Das weiß ich. Seit diesem Block. Doch es soll noch schlimmer kommen.

Vor ein paar Tagen wurde ich in meinem Bett zu mehreren Behandlungen geschoben. Zum Röntgen, zum CT, zum MRT und zu zahlreichen anderen noch. Nun lagen die Ergebnisse vor.

Der Oberarzt kam in mein Zimmer mit einem riesigen Umschlag. Er erzählte, dass meine Eltern gleich kommen. Er hatte sie hergebeten.

Ich dachte nach.

Ich wusste, dass das die Ergebnisse sind. Sind es nun freudige Ergebnisse oder schlechte? Kann beides sein. Aber er bestellt meine Eltern hierher. Das kann nichts Gutes heißen. Obwohl … Vielleicht will er die freudige Kundgebung vor der Familie halten. Kann doch sein.

Ich hoffe, es sind gute …

Ich hoffe vergebens …

Meine Eltern sind nun gekommen und setzen sich auf die Stühle, die in meinem Zimmer stehen. Der Oberarzt erzählt von den Untersuchungen und was dabei rausgekommen ist. Und er sagt es mit einem ernsten Gesicht. Und ich glaube, nun weiß ich, dass es schlechte Nachrichten sind. Meine Eltern, das sehe ich an ihrer Mimik, wissen es auch. Zumindest wissen sie, dass es keine guten sind.

Für Eltern muss es grausam sein. Sie sitzen zu Hause (Mein Vater hat sich unbefristeten Urlaub geben lassen. Als meine Chemo anfing, bis heute. Und er wird nicht vorher arbeiten, bis ich gesund bin. Hat er mir versprochen.) und das Telefon klingelt. Der Oberarzt ist dran. Er sagt, dass sie bitte herkommen sollen.

Was sollen die da denken??

Wie ist die Autofahrt hierher??

Grausam. Mehr als grausam.

Lungenkrebs. Es tut mir Leid, Burkhardt, aber in deiner Lunge haben sich Tumore gebildet. (In diesem Augenblick bin ich tot.) Der Oberarzt hält ein paar Bilder ins Licht und zeigt auf kleine weiße Punkte, die da in der Lunge nichts zu suchen haben. Er hält ältere/frühere Aufnahmen neben die letzten und vergleicht, was wir alle sehen. Und es stimmt. Es haben sich Tumore gebildet. Ich, der niemals geraucht hatte (nicht mal versucht!), hat Lungenkrebs! Eine Krankheit, die meistens nur Raucher, starke Raucher bekommen.

2 Tage später werde ich operiert. Da sich diese Tumore nur in einem Lungenflügel befinden, kann dieser entfernt werden. Muss ich halt mit einem Lungenflügel weniger leben. Na und? Das geht. Wirklich. Meinen zumindest die Ärzte. Zu Beginn werde ich zwar merken, dass da was fehlt, wegen der Atmung usw., aber später soll das nicht mehr bemerkbar sein.

Die OP verlief gut. Ich hatte einen Termin um 8 Uhr in der Früh, was mir sehr recht war, denn vor der OP darf man lange nichts mehr essen. Und um diese Uhrzeit schlafe ich entweder oder wenn nicht, esse ich da noch nichts.

Bei der OP gab es wie gesagt keine Probleme. Der Lungenflügel, der vom Krebs befallen war, ist draußen. Wie der wohl aussieht? Der Lungenflügel, meine ich. Wie sieht der Krebs darauf aus?

Ich wache in einem mir fremden Zimmer auf. Es ist nicht mein Zimmer auf der Station 30. Nein. Es ist nicht mal die Station 30 selbst. Es ist die Station Kinderchirurgie.

Ich bin erschöpft und schaffe es nicht, auf die Uhr zu gucken, die neben meinem Bett steht.

Ich drücke auf eine kleine Klingel und Sekunden später kommt eine Schwester in mein Zimmer. Ich kenne diese Schwester nicht. Wie auch. Ich kenne diese gesamte Station nicht.

Sie fragt, wie es mir geht, und erklärt mir erst mal, wo ich bin und was ich hier mache.

Die Kinderchirurgie ist im Erdgeschoss der Mittelallee 8. Also genau in dem Gebäude, in dem sich auch die Station 30 befindet. Nur 4 Etagen darunter. Ich bin noch sehr angeschlagen. Sie zeigt auf meine rechte Körperhälfte. Sie steckt in einem dicken Verband. Aus dem Verband guckt ein großer dicker Schlauch heraus. Nicht so ein Schlauch, wie ich ihn bereits von meinem Katheter kenne (durch den die Infusionen laufen). Nein, es ist ein großer dicker Schlauch. Es sieht fürchterlich aus. Aber was soll's. In den nächsten Tagen werden mich wohl keine süßen Mädchen besuchen, die darauf achten, wie ich aussehe.

Dieser Schlauch dient dazu, mir die unnötige Flüssigkeit rauszusaugen, die sich in der Lunge durch die OP angesammelt hat. Zur Atmung soll er auch hilfreich sein. Meint zumindest die Schwester.

Der Schlauch selbst muss noch ein paar Tage ›stecken bleiben‹, bevor er rausgenommen wird. Genau wie ich. Ich muss auch noch einige Tage hier in diesem Zimmer bleiben. In dem mir fremden Zimmer.

Die Schwester geht wieder und meint, dass der Arzt nachher vorbeikommen wird.

Das Zimmer ist wesentlich kleiner als das auf der Station 30. Es stehen haufenweise Geräte rum. Über meinem Bett ist sogar so ein Gerät, auf dem die ganze Zeit mein Puls usw. angezeigt wird. Das ist im Fernsehen oft zu sehen. Wenn die Linie nur noch aus einem laaaangen Strich besteht, würde das heißen, dass ich tot bin.

Tot. Das Wort gefällt mir immer mehr. Nein wirklich. An dem Tag, als ich die Nachricht bekam, dass ich auch noch Lungenkrebs habe, brach wieder mal etwas in mir zusammen. Und viel ist nicht mehr in mir drin, was zusammenbrechen kann. Bald ist alles zusammengebrochen, was zusammenbrechen kann.

Lungenkrebs. Ich, der nie geraucht hat.

Wieso denn ich?

Wieso nicht die Millionen anderen, die rauchen?

Wieso?

Ich hasse alle Raucher.

Ich verabscheue sie.

Zumindest in den letzten 2 Tagen.

Ich denke an meine (ehemaligen) Freunde, die alle rauchen. Sollen sie doch Krebs bekommen und daran verrecken. Bei ihnen gäbe es halt einen Grund dafür, dass sie Lungenkrebs bekommen. Nämlich weil sie rauchen. Aber ich?

Tot.

Noch bin ich nicht tot.

Aber dennoch ist in mir etwas gestorben.

Die Hoffnung.

Sie ist gestorben.

Ich gebe es auf, zu hoffen, dass ich gesund werde und rauskomme.

Ich gebe es einfach auf!

Ich brauche nicht zu hoffen!

Ich weiß es!

Ich weiß, dass ich hier rauskomme und gesund bin! Ich weiß es einfach! Und jetzt habe ich sogar einen Grund. Ja, den habe ich! Nur wie dieser Grund aussieht, weiß ich selber nicht. Aber ich habe einen. Und ich hoffe, nein, ich weiß, dass ich es früher oder später wissen werde. Meinen Grund, weiterzuleben.

Die Tage, die ich hier in der Kinderchirurgie verbringen muss, vergehen einfach nicht schnell genug. Sekunden kommen mir vor wie Stunden. In der Zwischenzeit haben mir die Schwestern aus der Station 30 meinen Walkman und etwas zu lesen gebracht. Wenigstens etwas. Dann ist es nicht ganz so langweilig. Meine Eltern kommen mich auch sehr oft besuchen. Ich freue mich aber nicht wirklich. Aber ich sage ihnen auch nicht, dass ich nicht will, dass sie mich besuchen kommen. Das würden sie nicht verkraften.

Heute Abend ist das UI-Cup-Viertelfinale im Fußball. Hamburger SV gegen Bastia aus Frankreich. Wer da gewinnt, darf nächste Saison im UEFA-Cup spielen. Ich muss dieses Spiel sehen. Es wird live auf N3 übertragen. Um 20 Uhr geht's los. Die Schwestern aus der Station 30 haben mir sogar extra einen kleinen Fernseher runtergebracht, damit ich es sehen kann. Find ich wirklich Klasse von ihnen. Alle Schwestern und Pfleger in der Station 30 sind wirklich nett. Auch wenn ich es ihnen nie wirklich zeige. Aber brauchen sie denn Bestätigung? Von einem Krebskranken? Ich glaube, weniger.

Die Vorfreude auf das Spiel war zu früh. Irgendwo in Deutschland hat ein Unwetter getobt. N3 hat den ganzen Abend Sportsendungen gebracht. Das Spiel haben sie daher nicht übertragen. Der Hamburger SV hat 0:1 verloren. Es soll viele rote Karten gegeben haben. War wohl ein Klopperspiel. Na ja, auch dies werd ich verkraften.

Am nächsten Tag werden wieder sämtliche Untersuchungen gemacht. Alle in diesem Zimmer. Es wird sogar ein Röntgengerät ins Zimmer geschoben. Was für ein Service ... Nachdem alle Untersuchungen abgeschlossen sind, wird mir dieser blöde Schlauch entfernt.

Die letzte Zeit tat er immer doller weh. Es wird Zeit, dass er rauskommt.

Die Schwester macht den Verband ab. Mir wurde vorher gesagt, dass sie den Schlauch einfach rausziehen werden. Einfach so. Ohne Betäubung oder so. Ich hielt das für einen Witz. Aber anscheinend war es keiner.

Der Schlauch ist tief in meinem Körper drin. Halt weit in der Lunge. Daher dauert es etwas, bis sie das Monstrum rausgezogen haben. Es tut höllisch weh. Mir kommen die Tränen.

2 Tage später bin ich wieder oben in ›meiner‹ Station. Das erste Mal, dass ich mich freue, diese Station wiederzusehen. Ich werde in das Zimmer 5 gefahren. Nicht mehr in ›mein‹ Zimmer. Nein. Mal ein Tapetenwechsel. Kann ja nicht schaden. Das Zimmer 5 ist

genauso eingerichtet wie mein altes Zimmer. Also keine große Umorientierung.

Mein Vater kommt kurze Zeit später. Man könnte meinen, sie würden hier die ganze Zeit lauern, warten, bis ich wieder da bin, eine Minute abwarten und dann in mein Zimmer kommen. Denn wenn ich mal irgendwo war, bei Untersuchungen oder so, kamen sie wenige Minuten nachdem ich zurück war, zu mir ins Zimmer.

Na ja, was soll's. Er bringt mir ein Tape mit, das mein Bruder aufgenommen hat. Die neuesten Hip-Hop-Lieder. Ich freue mich sehr darüber.

Am Abend kommt der Arzt in mein Zimmer. Durch die Unterbrechung wegen der OP und meinen Aufenthalt unten in der Kinderchirurgie ist die Chemotherapie in Verzug. Was den Ärzten nicht so schmeckt. Die Chemotherapie darf man nicht einfach so unterbrechen. Es kann Folgen haben. Sie haben vorhin in der Visite lange darüber geredet, aber kamen zu keinem anderen Ergebnis, als jetzt so weiterzumachen, wie es der Plan vorgibt. Was sollen sie auch sonst machen? Diese eine Woche aufholen geht schlecht. Es sei denn, sie würden mir eine freie Woche ›streichen‹. Aber das tun sie auf keinen Fall.

Zu meiner Freude wird mein erster Block des ›Standard Risiko – Zweig 1‹-Blockes nicht mehr an diesem Abend angefangen. ›I P‹ wäre dran. Morgen soll es erst gegen 10 Uhr losgehen. Und als ich fragte, ob die Möglichkeit bestehe, diese Nacht zu Hause zu schlafen, stimmte er nach langem Zögern sogar zu. Wieso auch hier schlafen, wenn eh nichts gemacht wird? Ich gab ihm das Versprechen, um Punkt

8 Uhr morgen früh hier zu sein, da ich vorher noch untersucht werden sollte.

Mein Vater holte mich also mit dem Auto ab und wir fuhren nach Hause. Mein Vater wirkte sehr bedrückt. Als ich ihn fragte, was los sei, meinte er zwar ›Nichts‹, aber ich sah ihm an, dass ihm etwas zu schaffen machte.

»Gisela ist gestern gestorben.«

Gisela war eine gute Freundin von meiner Mutter. Eine wirklich sehr, sehr gute. Sie war 45 Jahre alt.

Meine Mutter ließ sich die Trauer nicht ansehen. Aber man merkte, dass es ihr nicht gut ging. Weniger noch als in den letzten Tagen, Wochen und Monaten zuvor. In 6 Tagen soll die Beerdigung sein. Schon so früh. In 6 Tagen kann ich zum Glück nicht. Da wird mir gerade das ›Ifosfamid und Cisplatin‹ eingeflößt.

Hätte ich in 6 Tagen keine Therapie, wäre ich aber trotzdem nicht zur Beerdigung gegangen. Das würde gerade noch fehlen. Eine Beerdigung. In meiner Situation. »Hey, wollt ihr Platz und einen Sarg sparen? Ja? Dann erschießt mich und packt mich zu Gisela in den Sarg.«

Nein, darauf habe ich nun wirklich keinen Bock. Und keine Nerven.

Wie viele wohl zu ihrer Beerdigung kommen? Bestimmt viele. Sie hatte viele Freunde und Verwandte.

Wie viel würden wohl zu meiner Beerdigung kommen?

4 Leute höchstens …

Meine Eltern und mein Bruder …

Wenn ich Glück hab, noch mein Onkel …

Und meine Tante …

Na ja, dann wären's 5.

Super, oder?

Na ja, wer sollte auch sonst kommen? Freunde? Habe ich nicht mehr. Ich hatte noch nie wirklich gute Freunde. In der Grundschule, okay. Auch in der Oberschule ein paar (Tobi, Thomas, Martin), aber sonst? Keine. Und zu denen aus der Grundschule oder zu den drei Angesprochenen habe ich keinen Kontakt mehr. Verwandte habe ich ja auch keine mehr. Außer meinen angesprochenen Onkel und meine Tante.

Also. Wer sollte sonst noch kommen? Niemand! Einfach niemand!

Vielleicht habe ich jetzt einen Grund, nicht zu sterben. Weil niemand zu meiner Beerdigung kommen würde. Toller Grund, nicht zu sterben. Wirklich ein toller Grund. Aber immerhin – ein Grund ist ein Grund, oder nicht?

Am nächsten Tag beginnt der 15. Block meiner Chemotherapie. Mein erster Block in der ›Standard Risikozweig 1-Tabelle‹. Und gleich zu Beginn dieses Zeug. Okay, es hätte schlimmer kommen können. Wenn ich das ›HD-MTX‹ bekommen hätte, aber trotzdem. ›I P‹ zu Beginn. Und das in meiner Verfassung. Erst die Nachricht mit dem Lungenkrebs. Dann die Operation. Dann Giselas Tod. Und heute nun das ›I P‹.

Ich steh das nicht durch.

Der 15. Block ist grausam. Tägliches Erbrechen, Schwindelgefühl, Kopfschmerzen und zu allem Überfluss noch Fieber. Fieber! Und Fieber kann dramatisch werden während einer Chemotherapie. Ich habe hohes Fieber. Knapp 39,5 Grad. Es wurde alles versucht, das Fieber zu lindern. Aber es wollte nicht klappen. Die Chemotherapie konnte nicht gestoppt werden, so dass die anderen Schmerzen blieben. Ich bekam Medikamente, die das Fieber lindern sollten, ich bekam Tropfen … Nichts klappte. Es wollte nicht runtergehen.

Und nun ist der Tag gekommen, an dem ich sterben will. Wirklich sterben will. Alle meine ›Vorsätze‹, nicht zu sterben, ich weiß, dass ich es schaffe: Alles weg! Alles aus meinem Gedächtnis.

Ich wollte nur noch sterben. Einfach tot sein. Nicht mehr diese fürchterlichen Schmerzen ertragen. Ich wollte das Fieber loswerden. Und wenn ich tot bin, ist das Fieber doch weg, oder etwa nicht? Also, ihr Ärzte. Gebt mir ein Mittel, damit ich sterbe. Ich habe doch ein Recht darauf, zu sterben! ›Sterbehilfe‹ sollt ihr mir leisten. Einfach Sterbehilfe.

»Weil der Patient Burkhardt Wunderlich unerträgliche Schmerzen hatte und wir sein Leiden nicht mehr mit ansehen konnten, haben wir ihm geholfen, zu sterben.«

So einfach! Das könnt ihr dann in euren blöden Bericht schreiben. Ist doch nichts bei! Lasst mich sterben! Ich will nicht mehr leben.

Nach dem 15. Block waren 2 Wochen Pause für mich geplant. Aber da das Fieber immer noch nicht gesunken war, musste ich noch im Krankenhaus bleiben. Allerdings war der ›I P‹-Block durch. Ich lag also nur im Bett und wartete, bis das Fieber runterging, damit ich nach Hause konnte. Nach Hause zu meinen Eltern. Nach Hause zu meinem Bruder. Nach Hause zu Benny. Nach Hause zu meiner Familie.

Das Fieber war hartnäckig und ging nur sehr langsam runter. Diese freie Woche musste ich also im Krankenhaus bleiben. Den zweiten freien Block durfte ich dann endlich nach Hause. Zu meiner Familie.

Die nächsten 5 Blöcke waren so wie der eben beschriebene.

Nicht zum Aushalten.

Doch ich tat es.

Ich hielt aus.

Wieso, weiß ich bis heute nicht. Ich weiß nur, dass ich es aushielt.

Nach meiner freien Woche (Block 17) folgten 2 Blöcke ›HD-MTX‹ hintereinander. Da ich bereits beschrieben habe, wie ich dieses Scheißzeug vertrage, kann man sich lebhaft vorstellen, wie es mir während der 2 Blöcke ging.

Die üblichen Brechanfälle, die bei mir nun gang und gäbe waren, also für die Ärzte kein Grund zur Beunruhigung. Die üblichen Schwächeanfälle. Die üblichen Kopfschmerzen. Das Übliche halt.

Ich nahm in der letzten Zeit weniger zu als in den Wochen zuvor. Aber ich nahm zu. Denn mein Heißhunger auf alles Essbare blieb und sollte auch noch anhalten.

Dies hatte zur Folge, dass ich viel Urin hätte lassen sollen. Dies war bei mir nicht so oft der Fall, so dass das ganze Chemiezeug in meinem Körper blieb. Also musste nachgeholfen werden.

Dafür gab es ein Mittel, ›Lasix‹. Das sind Tropfen, die sich in einer recht kleinen Flasche befinden. Diese wird an diesen ›Tropf-Wagen‹ gehängt und durch die lange Schnur in deinen Katheter werden die Tropfen in deinen Körper eingeflößt. Sobald das Zeug in meinem Körper war, musste ich ununterbrochen pinkeln, was auf Dauer wirklich nervig ist. Ich gehe aufs Klo. Pinkle. Lege mich wieder ins Bett. 2 Minuten später gehe ich wieder aufs Klo. Pinkle und lege mich wieder ins Bett. Das geht dann eine lange Zeit so weiter. Es ist ein abartiges und widerliches Gefühl.

Nach den Blöcken 18 und 19 folgte sofort der Block 20. ›Adria(Doxo)rubicin‹. Dieses Mittel bekam ich erst zweimal in meiner Zeit, die ich hier war. Diesmal ist es das dritte Mal. Ich weiß nicht, was mich erwartet. Beim ersten Mal hatte ich dolle Schmerzen. Beim zweiten Mal wiederum keine.

Und so auch diesmal. Ich vertrage es überraschend gut. Besonders nach der Tatsache, dass ich die ganzen letzten Blöcke alle nicht vertrug. Aber zum Glück war es diesmal wieder anders. Ich vertrug es.

Nach Block 20 folgte endlich wieder ein Block, in dem keine Therapie stattfand und ich zu Hause sein durfte. Doch auch in dieser Woche sollte ich die meiste Zeit im Krankenhaus verbringen …

Seit meiner Ankunft im Virchow-Krankenhaus musste ich täglich Pillen schlucken. Viele Pillen. Es gibt so längliche Schalen. Zu drei wiederkehrenden Zeiten am Tag bringen die Schwestern sie zu mir. Morgens, mittags und abends. Es sind 3 verschiedene Sorten von Pillen. Eine Sorte ist orange. Es ist nicht mal eine Pille. Es ist eine Tablette. Man muss sie lutschen. Sie verhindert, dass sich Pilze im Mund ansammeln. Denn während der gesamten Therapie kann dies eintreten. Zu Beginn der Therapie schmeckten diese Tabletten noch sehr gut. Nach Vitamintabletten. Aber schon nach kurzer Zeit widerten sie mich an. Die anderen beiden Pillen waren halt typische ›Krebs-Pillen‹ oder so. Sie sollen zur Heilung beitragen, vor Entzündungen schützen etc.

Im Laufe der Zeit habe ich aufgehört, diese ganzen Pillen und Tabletten zu mir zu nehmen. Ich habe sie alle in einen kleinen Beutel gepackt, und sobald ich zu Hause war, habe ich sie dort entsorgt. Die Ärzte und die Schwestern wussten dies natürlich nicht. Es wurde mir immer eingebläut, dass diese Pillen sehr, sehr wichtig seien. Lebenswichtig. Ich müsse sie unbedingt nehmen. Blabla.

In der Block-21-Woche bekam ich Pilze im Mund. Viele Pilze. Pilze sind so kleine weiße Bläschen. Sie sehen scheiße aus und brennen fürchterlich. Man kann nichts mehr essen, weil es im Mund nur noch brennt und wehtut. Mein Bruder fuhr mich sofort ins Krankenhaus. Das Erste, als ich den Ärzten und Schwestern von den Pilzen erzählte und sie ihnen zeigte, war eine Bemerkung, die darauf hinauslief, dass ich diese Tabletten nicht genommen habe. Nur daher kann das kommen. Denn wenn man diese Teile nimmt, können ja die Pilze nicht kommen. Die Weiße-Kittel-Logik halt. Allerdings irgendwie einleuchtend.

Im Behandlungsraum wurde mir so ein blaues flüssiges Zeug in den Mund geschmiert. (Nach dem Muster dieser Chupa-Chups-Lutscher. Wenn man die lutscht, ist der ganze Mund farbig. So auch hier.) Danach war mein ganzer Mund inklusive Zähne blau. Sah sehr toll aus … Das solle helfen, die Pilze wegzubekommen. Sie gaben mir eine kleine Flasche von dem Zeug mit nach Hause und erklärten mir, wie ich es anwenden soll. Außerdem gaben sie mir noch eine Packung von diesen ekligen orangefarbenen Tabletten mit.

Da ich also nichts Festes essen konnte, musste ich mich mehrere Tage von Suppe ernähren. Von ekliger, abartiger Dosensuppe. Ich verabscheue Dosenfutter. Na ja, aber es ging halt nicht anders, da ich ja nicht kauen konnte. Und Suppe kann man ja einfach runterschlucken. Trinken konnte ich nur noch durch einen Strohhalm.

Das mit den Pilzen war wirklich scheußlich. Und zu meinem Bedauern hielten sich diese Pilze lange in meinem Mund auf. 4 Tage, um genau zu sein.

Noch 8 Blöcke. Noch 6 Medikamente.

Nun heißt es wieder 3 Blöcke hintereinander. 2-mal ›HD-MTX‹ und sofort hinterher ›Ifosfamid, Cisplatin‹. Den ersten ›HD-MTX‹-Block vertrage ich überraschend gut. Ab und zu muss ich leicht erbrechen, aber die sonstigen Kopfschmerzen und Schwindelgefühle bleiben aus.

Am Nachmittag kommt eine Schwester in mein Zimmer. Sie sieht wunderschön aus. Einfach sexy. Kurze blonde Haare, große Titten und eine super Figur. Im Internet war ich mal auf einer Homepage, wo eine 23-jährige Krankenschwester ihre getragene Unterwäsche und Videos von sich verkauft. Ich wünschte mir, dass es diese Krankenschwester hier ist, die gerade in meinem Zimmer weilt und sich meine Katheter anguckt. Ich würde sie gerne fragen, ob sie sich nicht zu mir aufs Bett setzen will. Vielleicht sogar auf mich. Einfach so. Und wenn sie will, könnte ich sie ja kurz mal vögeln. Einfach so halt.

Aber ich bezweifle, dass sie es machen würde. Wer will schon, erst recht, wenn er so geil aussieht wie sie, mit einem Krebskranken ficken? Ich glaube mal, keiner. Höchstens eine andere Krebskranke. Aber die würde ich nicht wollen.

Ich gucke Fernsehen. ›Arabella‹ läuft gerade auf Pro 7. Diese Tussi ist auch schon seit Jahren auf Pro 7 und macht da ihre blöde Talkshow. Wieso wird die nicht endlich abgesetzt? Die ist einfach schlecht. Und aussehen tut sie auch nicht gut. Ein riesen Pferdegebiss hat sie. Und kleine Möpse, die nicht mal schön rund sind. Na ja, aber ich schaue mir die Sendung trotzdem an.

›Du bist total intolerant‹ heißt das Thema. Am Tresen stehen 6 dämliche Spacken, die blöd rumlabern. Sind eh alle nur gecastet. Da stimmt nichts bei diesen ganzen Talkshows. Alles ein Fake. Sei es drum. Eine 41-jährige Frau macht da grad ihren Ehemann an. Er habe überhaupt keine Toleranz. Er meckert immer über andere, die nicht sind wie er. Toll. Er erwähnt auch Aidskranke. Sie haben kein Recht, zu leben. Ah ja. Sie würden ja eh sterben. Früher oder später.

Ein ganz heller Junge.

»Hat mal einer 'ne Knarre?«

Der Block 23 ist auch einigermaßen erträglich. Leichte Brechreize und Unwohlsein machen sich bei mir bemerkbar. Und absolutes Schwächegefühl.

Nun bin ich schon mehr als 23 Wochen hier. 23 Wochen Chemotherapie hinter mir. 23 Wochen Schmerz. 23 Wochen Qual.

Ich denke jeden Tag, dass ich es nicht schaffe.

Morgen ist Schluss.

Und am nächsten Tag ist dann doch nicht Schluss.

Aber morgen, morgen ist wirklich Schluss.

Aber morgen, wirklich morgen, morgen ist wirklich Schluss.

So geht das irgendwie schon eine ganze Zeit lang. Ich bin 16 Jahre alt und verbringe ein ¾-Jahr im Krankenhaus. Und nun wird mir erst richtig bewusst, dass ich für mein ganzes Leben geprägt bin. Negativ wie positiv. Ich werde dieses Jahr 1997 niemals vergessen. Bis ich sterbe. Ich werde immer an die Qualen, die ich in diesem Jahr erlitten habe, erinnert werden. Egal wo, egal wann. Immer werd ich dieses Jahr im Hinterkopf haben. Ich werde Narben davontragen, die ich noch länger behalten werde. Eine kleine Narbe am Hals. Da, wo der Katheter eingeführt wurde. Eine kleine Narbe über der linken Brust. Da, wo der Katheter rauskommt. Und eine große Narbe an der rechten Lungenseite.

Die werde ich noch lange mit mir tragen.

Dann werde ich meine Schwangerschaftsstreifen mit mir tragen. Noch lange. Für immer.

Doch das Schlimmste sind meine Gedanken. Ich werde sie niemals wegbekommen. Meine Gedanken. Das ganze Jahr 1997 wird in meinem Kopf eingesperrt werden. Und ich kann es zu jeder Zeit abrufen. Ob ich nun will oder nicht.

Kann ich überhaupt noch mal ein ›normales‹ Leben führen? So wie ›normale‹ Jugendliche? Ob ich jemals wieder Sport machen kann, steht noch in den Sternen.

Im Sommer kann ich nicht schwimmen gehen. Da müsste ich ja mit nacktem Oberkörper rumlaufen. Und das würde bedeuten, dass alle meine Narben und Streifen sehen würden. Und das wollen sie nicht und das will ich nicht.

Also, was bringen mir die nächsten Jahre noch? Ich weiß es nicht. Jetzt noch nicht.

Doch vieles davon kann man auch positiv sehen, oder was meint ihr? ›Ich wurde für mein Leben geprägt.‹ Klingt nach Erfahrung und überstandener Gefahr. Klingt gut.

Nach den Blöcken 22 und 23 folgt nun als ›Krönung‹ der 3 Wochen der Block 24. ›Ifosfamid und Cisplatin‹.

Die Blöcke 22 und 23 habe ich einigermaßen überstanden. Ich hoffe (Da ist sie wieder. Die Hoffnung. Wenn du erst einmal hier im Krankenhaus liegst, wirst du die nicht mehr los. Die Hoffnung.), den Block 24 überstehe ich auch so gut.

Ich überstehe ihn gut.

Nun kommen 2 Wochen ›Ruhe‹. Zu Hause. Ich freue mich darauf.

Ich frage den Arzt, bevor ich mit meinem Vater nach Hause fahre, ob ich ins Kino gehen darf. Mein Bruder hatte mich gefragt, ob ich Lust hätte, mit ihm ins Kino zu gehen. Ich hatte zuerst abgelehnt, weil ich dafür noch zu schwach bin. Zu schwach in psychischer Hinsicht.

Doch auch wenn ich gehen wollte, hätte ich es nicht gedurft. Der Arzt lehnte ab. Mein Immunsystem sei zu geschwächt. Schon die ganze Therapie lang. Ich könne mich zu leicht anstecken. Einen Schnupfen holen oder Ähnliches. Denn wenn ich rausgehe und mit vielen Leuten zusammen bin (was sich im Kino nicht vermeiden ließe), würde eine kleine Bakterie von einer anderen Person ausreichen, um mir eine Grippe zu verpassen. Weil ich halt keine Abwehrstoffe mehr habe. Haben tu ich sie schon. Doch sie arbeiten nicht so, wie sie es tun würden, wenn ich gesund wäre. Und das bin ich ja nicht.

Also darf ich nicht ins Kino. Eigentlich dürfte ich auch nicht in die Stadt einkaufen gehen. Aber wie schon mit den Tabletten und den Pillen mache ich nicht unbedingt das, was mir die Ärzte vorschreiben.

Doch ins Kino gehe ich nicht.

Die beiden Wochen zu Hause waren sehr ruhig und daher sehr angenehm. Mit meinen Eltern verstehe ich mich zwar nach wie vor nicht so blendend, aber das tut meiner Erholung keinen Abbruch.

Meine Eltern schlafen übrigens immer noch in getrennten Betten. Mich kümmert das wenig. Meine Eltern haben mir in den letzten Wochen und Monaten so ziemlich jeden materiellen Wunsch erfüllt, den ich hatte. Das mit den materiellen Wünschen war echt extrem:

Wenn ich einen neuen Computer wollte, bekam ich diesen. Wenn ich ein Dartboard wollte, bekam ich es. Wenn ich mir für 300 DM CDs kaufen wollte, bekam ich diese 300 DM. Ich bekam einfach alles.

Sie taten es wahrscheinlich, weil sie denken, dass es mir dann gut geht. Dass ich mich freue. Das tat ich. Ganz ehrlich. Aber im Nachhinein habe ich es nur ausgenutzt. Denn ich wusste, ich bekomme alles, was ich wollte.

Man hört immer, in den Medien allgemein oder auch von den Ärzten/Schwestern, dass man den Krebs nur besiegen kann, wenn man sich wohl fühlt usw. Dass man viel Liebe braucht, dass man Geborgenheit braucht usw. Denn die Liebe ist ja bekanntlich stärker als alles andere. Auch als der Krebs? Ich weiß es nicht.

Das Sprichwort ist eh blöd. Wieso gibt es dann Kriege? Würde es keine Kriege geben, wenn sich alle liebten? Massenorgien vielleicht ... Ich weiß nicht ... Ich bezweifle es.

Ich weiß nur so viel. Ich brauchte keine Liebe.

Ich wollte keine Liebe.

Ich wollte auch keine Geborgenheit.

Ich wollte einfach nur alleine sein.

Alleine mit mir selbst.

Und was ist das Ergebnis? Ich habe den Krebs besiegt! Na ja, 3 Blöcke habe ich noch vor mir ... dann habe ich ihn besiegt! Dann habe ich den Krebs besiegt!

Woher weiß ich das? Woher, zum Henker, weiß ich, dass ich, wenn ich alle Blöcke überstanden habe, den Krebs besiegt habe?

Wenn alles zu Ende ist, werden wieder Untersuchungen gemacht. Und wenn man dann wieder etwas entdeckt, so wie damals mit der Lunge? Einen Tumor? Was ist dann? Was ist, wenn die ganze Scheißtherapie nicht angeschlagen hat? Was ist dann, verdammt?! Muss ich dann die ganze Therapie noch mal von vorne machen?

Es beginnen ›meine‹ letzten 3 Wochen in der Station 30.

Block 27 wird gerade angestöpselt. Gleich wird die Schwester fertig sein und den Knopf drücken. Den Knopf drücken, damit das ›HD-MTX‹ anfängt loszutropfen. Loszutropfen, um in meinen Körper zu gelangen. Loszutropfen, um den Krebs zu besiegen. Den Krebs in meinem Körper.

Das Wissen, dass es nur noch 3 Blöcke sind, dass stimmt mich sehr positiv. Es gibt mir Geborgenheit. Klingt blöd, ist aber so. Wie, Geborgenheit? Ich dachte, ich brauche keine Geborgenheit? Brauch ich auch nicht. Es ist auch nicht wirklich ›Geborgenheit‹. Geborgenheit ist das falsche Wort. Es gibt … es gibt … es gibt mir Sicherheit. Ja, genau. Die Tatsache, dass es nur noch 3 Blöcke sind, gibt mir Sicherheit.

Block 27 und 28 (HD-MTX) verlaufen sehr gut für mich. Keine Schmerzen, keine Brechreize. Nichts dergleichen. Wahrscheinlich tut es doch weh. Irgendwo in meinem Körper. Aber ich registriere diesen Schmerz nicht. Jetzt nicht mehr. Nicht jetzt, wo ich es bald geschafft habe.

Letzter Block.

Nun kommt also der letzte Block. Der allerletzte Block in meiner Chemotherapie. Der hoffentlich allerletzte Block in meinem ganzen Leben. 29 lange Blöcke voller Qual und Schmerzen. Und nun ist also der letzte Block dran.

›Adria(Doxo)rubicin‹.

Meine Chemotherapie fing mit diesem Medikament an und meine Chemotherapie hört mit diesem Medikament auf.

Zweimal hab ich es gut vertragen. Einmal nicht.

Dreimal habe ich es gut vertragen. Einmal nicht.

Der letzte Tag auf der Station 30.

Meine Eltern sind gekommen. Sie helfen mir packen, da ich noch angestöpselt bin.

Eine Schwester kommt in mein Zimmer, um mich von den Schnüren und den letzten Tropfen des Medikamentes zu befreien.

Der Katheter bleibt noch ein paar Tage in mir. Aber schon bald soll er rausgenommen werden.

Die Ärzte kommen. Sie beglückwünschen mich. Sie sind stolz auf mich, weil ich es geschafft habe.

Sie zeigen uns die letzten Röntgen- und CT-Bilder. Alles in Ordnung. Der Krebs ist besiegt!

Nun haben wir Anfang Dezember und ich habe den Krebs besiegt! Im März hat die Chemotherapie begonnen. Nun, Anfang Dezember, ist sie beendet. Erfolgreich beendet.

Mein Vater nimmt meine Tasche, und wir gehen gemeinsam den Flur entlang. Ohne Krücken … Ohne Fahrgestell … Mit meiner Gesundheit … Wir verabschieden uns von den Schwestern und von den Ärzten.

Meine Mutter hält mir die Tür auf. Ich werfe einen letzten Blick zurück und betrachte noch mal die Station 30. Mein zweites Zuhause in den letzten Monaten. Überall spielen kleine Kinder herum. Noch haben sie nicht gegen ihren Krebs gewonnen. Aber sie werden es. Ich wünsche es ihnen von Herzen.

Ich lasse noch mal meinen Blick zu dem Schwesternzimmer schweifen. Und zu dem Ärztezimmer.

Die Station 30 mitsamt ihren Schwestern und Ärzten … Diese Leute haben also mein Leben gerettet.

Das Leben von mir.

Von Burkhardt Wunderlich.

Ich werde ihnen niemals danken können.

In meinem ganzen Leben nicht.

Aber sie wissen, was sie für mich getan haben und wie dankbar ich ihnen bin.

Ich hoffe es zumindest.

Ärzte retten Leben. Und nie bekommen sie etwas zurück von den Patienten, denen sie das Leben gerettet haben. Einmal meinte ein Arzt zu mir, dass es ihr größtes Geschenk ist, ein krankes Kind zu behandeln und es gesund die Tür hinausgehen zu sehen. So wie bei mir jetzt. Das ist ihr größtes Geschenk.

Zu Hause wartet mein Bruder schon. Er nimmt mich sogar in den Arm und gratuliert mir. Auf dem Wohnzimmertisch steht Kuchen. Auf ihm steht in Glasur geschrieben ›Willkommen zu Hause‹. Willkommen zu Hause. Mein Zuhause.

Die nächsten Wochen, Monate und Jahre muss ich noch alle 2 Wochen in die Kinder-Poliklinik fahren. Das ist so eine Art ›Station‹, auf der die Kinder, die mal Krebs hatten und erfolgreich behandelt wurden, immer hinmüssen, um sich untersuchen zu lassen. Der Aufenthalt inklusive Untersuchen usw. dauert immer so 2 bis 3 Stunden. Also nicht so schlimm. Von Mal zu Mal muss man nur noch in längeren Abständen hingehen. Erst alle 2 Wochen. Dann jeden Monat. Dann alle 2 Monate. Und irgendwann gar nicht mehr.

Der Krebs kann wiederkommen. Immer und zu jeder Zeit. Daher sind diese Untersuchungen sehr wichtig, um alles zu kontrollieren. Auch bei mir kann er eines Tages wiederkommen. Doch das tut er nicht! Das weiß ich!

Der Dezember vergeht schnell. Es ist Nikolaus, dann Weihnachten und dann auch schon Silvester.

Auf Silvester freue ich mich immer mehr als auf Weihnachten. Ist schon immer so. Keine Ahnung, wieso das so ist. Dieses Jahr freu ich mich besonders auf Silvester. Denn um 0.00 Uhr und 1 Sekunde ist ein neues Jahr. Wie jedes Jahr. Doch diesmal ist es etwas Besonderes. Es ist dann das Jahr ›1998‹. Um diese Uhrzeit liegt das Jahr ›1997‹ hinter mir. Für immer.

Nun ist es also so weit. Es ist 1998. Wir stoßen an und wünschen uns allen das Beste. Jedes Jahr stellt meine Mutter an jeden dieselbe Frage: »Und was wünschst du dir für das nächste Jahr?« Ich antworte als Letzter:

»Gesundheit. Ich wünsche mir Gesundheit!«

Warum ich schneller war? Ich habe nicht an den Rückweg gedacht!

Ich danke:

Meiner Familie, Tina Soliman & Torsten Lapp, Dieb in Dub Productions, Familie Teuter, Christian Kersten und nicht zuletzt Inga Schuck.